JN438440

금산 장날

전병렬 시집

오늘의문학사

국립중앙도서관 출판시도서목록(CIP)

금산장날 : 전병렬 시집 / 지은이: 전병렬. -- 대전 :
오늘의문학사, 2014
p. ; cm. -- (오늘의문학시인선 ; 338)

ISBN 978-89-5669-636-2 03810 : ₩8000

한국 현대시[韓國現代詩]

811.7-KDC5
895.715-DDC21 CIP2014024274

금산 장날

■ 서문

궁핍하게 살던 시대의 생활상과 그 속에서 벌어지는 따뜻한 인간애, 그리고 울타리를 사이에 두고 이웃과 소통하며 살던 정다운 이야기들을 서정적 서사시로 묘사하였다.

노래를 즐겨 부르고 소설책을 좋아하던 18세 문학소녀 앞집 누나가 있었다. 허물어진 울타리 건너와 떨어진 교복 단추 달아 입혀주며 빙긋 웃던 초승달 같은 그 눈빛, 지금도 잊을 수 없다. 나의 시는 그녀의 눈빛이며 숙명이다.

나는 오늘 삶의 굴곡, 미완성 그림 한 점 그렸다.
미완의 완성은 독자 여러분의 몫이다.

2014. 7. 28 저자 씀

차례

2부 눈물꽃

3부 장 마중

4부 태극기 휘날리며

1부

아버지의 모닥불

겨울 이야기

왼종일 바까티 싸돌아다니던 검은 된갱이가 저녁나절 산토깽이를 물고 들어오는 것을 바라본 아버지 야들아? 싸개싸개 나와 봐

가죽은 벗겨 우리 아들 귀싸개 맹글어 줄 거고 간은 떼어내 나중에 홍역을 앓는 아이가 생기면 그 집에 약으로 쓰라고 줄 것이라며 처마밑에 매달아 놓고는 정지간이 엄니한테 돈 달래어 막걸리 반 병개 받아 오니라 이른다

부석히 앞에 쪼그리고 앉아 발갛게 타는 알불 재깨미 화로에 불삽으로 퍼 담던 엄니 느그 아부지는 돈이 워딧다고 또 술타령이냐 궁시렁궁시렁 거리면서도 살강 빈 간장단지 속에 숨겨둔 백 환을 내게 건네주는 것이다

아가 돈은 윗도리 봉창에 잘 챙겨 넣고 후딱 댕겨오니라 초록 유리 대병을 들고 팔딱팔딱 뛰쳐나가는 골목길 뒤따라 쫓아오는 엄니의 눈빛이 햇발처럼 따스한데 고무신 코빼기 허름한 저녁 해가 스러지고 있었다

아버지의 모닥불

첫새벽 출발해야
등교 시간 도착하는 읍내까지의 길은 멀다

겨울 해는 짧다
집으로 가는 길은 늘 초저녁이다
바람은 옷가지에 울고 발은 얼어 추웠다
작은 키의 어린 중학생

진눈깨비 깔리는 서낭당 고갯길
빙판에 미끄러져 도랑에 처박혔다
얼마나 시간이 흘렀을까 아가야가
아버지의 음성이 희미하게 들려왔다
눈을 떴을 때
남포 불을 든 아버지가 다가오고 있었다
대낮보다 더 환한 남포 불이었다
눈물이 핑 돌았다

아가 괜찮냐 아버지다 아버지여 큰일날 뻔했구나
아버지가 품속으로 꼭 끌어안아 주었다
아가 춥지 조금만 참아라

따스한 강물이 핏줄을 타고 흘러들었다
온몸으로 태우는 아버지 모닥불이었다

* 오육십 년대에는 두세 시간을 걸어 다니는 산골 아이들이 많았다

들밥

논둑 개구리새끼
톰방 톰방
또랑청 뛰어들고

놀란 미꾸랭이 흙물 일으켜
수초 속 몸 숨겼다

나는 울뱅이 잡고
아버지는 세벌 논 매고

금산 읍내 십리길
점심광주리 이고 걸어온
스물다섯 엄니

방천둑 버드나무 그늘
아가 아가
멀리서 들려오는 천상의 소리

고무신 벗어들고
엄마 엄마 부르며 뛰어갔다

어이구 내 새끼
덥석 안아 궁둥짝 두드렸다

아버지는 고수레 세 번 부르고
나도 따라 흉내내고

하늘은 구름 한 점 냇물처럼 흐르고

눈은 내리고

그윽이 머언 산중 굴먹굴먹 눈이 내린다

다랭이논에도 밭둑에도 재 넘어가는 할머니 봇짐 위에도 굴뚝새 까만 눈썹 위에도 눈눈 눈은 내려

사나흘 굶은 고무골 갈색 너구리가 육시랄 것 어쩌자구 이렇게 맨날 눈이 내린댜 이러다가 새끼들 다 굶겨 죽이는 거 아녀 하는 글썽한 눈망울로 굴 밖 빠져나와 푹푹 쌓여 내린 어두운 눈길 겨우겨우 깔막골 오두막 뒤안까지 내려와서는

고개 들어 벌름벌름 내를 하며 어디 먹을 게 없나 하고 굴뚝 모퉁이를 돌아서는 토끼장 앞에 쭈그리고 앉아 발톱 세워 득득 긁어 보기도 하고 달기장으로 돼지막으로 기웃거린다

달그림자에 비치는 감나무 까치밥을 바라보며 그 옛날 엄마를 따라다니며 주워 먹던 달큰한 맛을 그리워하고 의지간이 처마밑에 걸려 있는 시래기 타래라도 걷어 가려고 키를 곧추세워 앞발 뻗어 잡아보려고 하는데 안되겠다 싶었는지 재간 안으로 들랑날랑 거리며 쥐 한 마리를 잡아놓고 먹을까 말까 골똘히 생각하다가는 새끼의 눈망울이 아른거리는지 입에 물고 산으로 오르는 것이다

밤은 깊어 문풍지 할퀴는 황소바람소리 엄니 따스한 젖가슴 꼬무락 파고들면 야차막한 건넛산 소나무 부엉이 운다 아가? 부엉이 울면 큰 산 호랑이 내린단다 부엉이 집엔 항상 먹을 것이 있거든 어린 가슴 겁나게 무서운 밤이 으스스 꿈속으로 빠져 들고 눈은 산을 덮고 길을 끊어 산중 깊숙 무진장 쌓여 내리는 것이다

남새밭 이야기

바람 끝 서늘한 아침 아버지와 배추벌거지를 잡고 있는데 진산면 달밝골에서 이사와 사는 은행나무집 남순이 아버지가 뒷짐지고 어슬렁 올라왔다

남순이 덕에 요새 땟물 벗었다고 수군덕거리는 빨래터 아낙들의 입담을 아는지 모르는지 거드름 피우는 입가 마냥 미소가 떠나지 않는다

성님! 담배 한 대 피고 하시오 잉 조끼주머니 양담배 한 개비 꺼내 들고 밭둑 앉아 아버지께 권하며 이거 피다 걸리면 벌금 문댜 어디서 났어 은근히 떠보는 아버지 응 이거 오산 비행장 근처에 사는 조카년이 보내준 거여 그려 기특하구먼 그랴 양코배기 미국제라 그런지 맛이 좋구먼 그렁께 말여

자네 내일 뭐하는가? 왜 그랴 성님, 빨닥고개 최씨네 집 삼장일 품 팔러 안갈랑가 고지돈 얻어 자식 놈 사친회비 줘야것어 밭둑 앉아 피워 문 담배 연기가 남순이 누나 하얀 눈물처럼 아리게 피어오른다

쇠비름 풀숲 구렁이 앞에 꼼짝 못하고 있는 개구리, 콩닥거리는 가슴으로 쳐다보고 있는데 수숫대 울 너머 엄니 목소리가 들려왔다

아가아가 느그 아부지 진지 드시라구 해라 괴깃국 식는다 어제 아버지가 종다래끼에 강고기를 솔찬히 잡아왔었다

동상도 같이 가서 한술 뜨지 그랴 나야 뭘 아녀 같이 가아 그럴까 앞산 뻐꾹새 이른 울음 몇 번 짖어대고는 안개가 서서히 걷히기 시작하면서 진악산이 알몸을 드러내고 있었다

울 엄마

한 장이 지나도
돌아오지 않았다

두 살배기 막내를 업고
경상도 부산
인삼 팔러 간 울 엄마

열다섯 살 누이는
확독 보리쌀 갈아
멀덕죽 끓였다

께적께적
셋째가 삐죽거리고
넷째도 울먹거렸다

아부지는 아무 소리 않고

나는
"얼른 먹어"
윽박지르며 쥐박았다

주눅든 어린것들은
숟가락 팽개치고
삽작거리로 달아나며 울었다

엄마! 엄마!

빨가동이, 맨발이었다

외가로 가는 길

내 건너 산길
기물리 서낭당
잔돌 하나 올려놓으라는
어머니 말 잊지 않았다

신촌리강 잉어가 뛰고
여울물은
꼬맹이들처럼 조잘거렸다

강변 수수밭
제비에게 쫓겨
애가 타게 달아나는 고추잠자리

외갓집 산등성이
피어오르는 저녁연기

고댕이 된장국
보리밥 먹은 밤은
수통리 양각산 보름달이
씀벅씀벅 떠오르고

장화홍련
외자라버지[*] 글 읽는 소리
귀문 열어 걸어 둔 채 잠이 들었다

* 외자라버지 : 외할아버지

마중

달빛 쏟아지는
송림재 날망

동목의 오리나무
떼 울음소리

설산에 갇힌
내 작은 가슴

산이 몇 번
능구렁이 소리로
울고 나서야

산턱 아래 들려오는
하얀 워낭소리

엄마아!
엄마아!

* 도붓장사 엄니

엄마 손

가죽나무
시래기 타래가
누렇게 말라가는 시절

찐 고구마
살 얼은 동치미 김치
겨울밤 풍경이다

문풍지 황소바람
솜이불 고쳐 덮어 다독이던
엄마 손

보릿고개

가마솥
풋보리 삶는 저녁

주린 닭들이
수채 구멍 후비고 다녔다

뺄쭘,
정지문턱 넘어다보는
꺼칠한 병아리

몽당 수수 빗자루 내저으며
저리 가 저리 가 쫓아냈다고

시방 엄니 꼬기작거리고 있다

미꾸랭이 구워 먹던 날

비 그친 오후
종가래 걸쳐 메고
벼논 물꼬 보러 간 할아버지

강아지풀 대궁
미꾸랭이 세 마리
달랑달랑 꿰어 들고 왔다

애미야? 어딨냐

아궁이 잿불
호박잎 돌돌 말아 구워 먹은 저녁

갈고랭이 달이 슴벅슴벅 떠오르고
맨드라미 꽃밭 쓰르라미 밤새워 울었다

夢恨錄

새색시 적 스무 살 우리엄니 쑥개떡 도방구리 이고
연분홍 저고리 초록 치마 펄럭이며 친정집 나들이 가던 그곳엔
지금도 꽃다지 나싱개꽃 하늘대겠지

일찍 뜬 조각달이 무수한 별 사이로 비켜가고 다듬잇돌
박달나무 방망이 소리 아득히 먼 꿈속으로 말 달려가던 그곳엔
지금도 밤바람 소리 소슬하겠지

산모랭이 옹달샘 물 질어 온 아버지가 가마솥 물을 끓이며
밥 짓는 어머니와 부지깽이 사랑이 도란도란 익어가던 그곳엔
지금도 산까치 날며 짖겠지

도롱테를 굴리며 버드나무 방천길 달려나가면 물새들이
강여울 속으로 뛰어들어 물고기를 낚아 활개쳐 오르던 그곳엔
지금도 쇠똥구리 공 굴리겠지

베등거리 옷을 벗어 금모래 벌에 아무렇게 던져놓고
물장구치던 아이들이 저녁노을 산그늘 속으로 들어가던 그곳엔 지금도 황금빛 노을 물이 들겠지

씀바귀 고사리 산취가 돋은 산언덕 별구경 하다 잠이 든 어린동생을 들쳐업고 밤이슬에 흠씬 젖어 둥구적 내려오던 그곳엔 지금도 소쩍새 밤새워 울겠지

지멋대로 키가 자란 망초꽃들이 댕기머리 동네 가시내
불러들여 수다를 떨고 길 잃은 어린 새들이 하룻밤 묵어가던 그곳엔 지금도 찔레꽃 하얗게 피어 있겠지

불나비를 좇아 숲에서 내려온 박쥐를 향해 아무렇게 쏘아댄
싸리나무 화살을 찾으러 무성한 풀밭으로 함초롬 뛰어다니던 그곳엔 지금도 개똥벌레 울 넘어 날아들테지

바람이 지나가는 사이

밤벌레 울음소리
그칠 날 없던 열다섯 어린 시절

동이물 거울 앞에 앉아
꼬리머리 가리매 타던 성자 누나
분꽃 같은 노래 소리는

우리집
채송화 꽃밭으로
봉선화 꽃밭으로
파락파락 날아다녔다

이른 아침,
허물어진 울타리 건너와
떨어진 교복단추 달아 입혀주며
빙긋 웃던

맨드리미 꽃물보다 더 진한 입술
별빛보다 더 성글한 눈빛
지금도 내 안에 반짝인다

후르르
바람이 지나가는 사이
가슴속 꼭 묻어 둔 채
크게 한번 불러 보지 못한
진주 빛 그 이름

삭풍이 몰아치는 싸늘한 언덕
이제서야 불러 본다 성자 누나 ~

벗에게 띄우는 편지

— 오원평

春

진악산 골골 진달래 붉게 피는 봄 오면
녹슬은 양철 조각 이엉 위에 가지런히 올려놓고
또랑또랑 또르르 밤비의 연주 소리 들어 보게나
옛 생각 뒤척이는 긴긴밤이 찾아오려니

夏

뜰아래 묻어둔 산머루주 곰삭아 익거들랑
미량지 푸른 잉크 몇 자 적어 띄워 주시게
김치독 묵은지 펴 들어 집 떠나 나서겠네
산 아래 날 보이거든 손 흔들어 답해주게나

秋

나뭇잎 떨어져 딩굴거든 그냥 내버려 두게나
그들이 사는 세상 어디 여기 한곳뿐이랴
저편 어디 다른 세상 들어가는 길목 일 테지
우리도 영혼의 땅 찾아가는 나그네 아니던가

冬

함박눈 소리 없이 내리는 포근한 겨울밤에는
참나무 삭도가지 질 화롯불 고구마 구워 먹고
입언저리 묻은 재는 손등으로 닦아 내고 마시게
창밖에 부는 바람 벗이언 듯 날이 새겠지

사모곡

천근의 무게
부러진 목뼈
칭얼대는 어린것

감천동* 산동네 골목골목

인삼 사세요
인삼 사세요

주린 배, 목메인 소리

판자촌 문간방
별을 보며 우시었을
마흔 한 살 고운 엄니

시린 등
설친 밤이 몇이어요

고난의 십자가
당신은 가시고기, 가시고기 꽃입니다

* 감천동 : 부산 산동네

잃어버린 별을 찾아 떠난다

추석 달
하얗게 쏟아지는
지잿이재[*] 묏부리

밤새 한 마리
푸드득
자작나무 숲으로 날아가고

들국화 몇 송이가
바람에 눕고 일어났다

별 하나 별 둘
어느 왕자 꿈꾸고 있을까

춥지,
꼭 쥐어준 따듯한 손

나는 먼 나라
수줍은 패랭이꽃이었다

그 밤,

잃어버린 별을 찾아 떠난다

* 지쟁이재 : 성자누나와 비실동네 콩쿨대회 구경가던 고개

고사떡

정월 초사흘 밤 부뚜막 갓 찧은 시루떡
참기름 종발 문종이 심지 정한 불 밝혔다

금줄 친 부엌은 어머니 성전이다
머리 감아 빗고 새 옷 갈아입고
정갈히 무릎 꿇고 앉아 두 손
간절히 비비며 빌고 빌었다

비나이다 비나이다 성주님께 비나이다
금년 내내 전씨 집안 무탈하게 살펴 주시옵고
대주양반 그저 그저 건강하고
자식새끼 무럭무럭 자라나게 도와주시옵소서

일곱 살에 잃어버린 그 불쌍한 어린 자식
극락세상 고이 이끌어 주시옵고
이 집안 액운은 성주님이 싸악 쓸어 가시옵소서
그저 그저 비나이다 비나이다 성주님께 비나이다

맨발의 여자

병풍 뒤편
그녀는 맨발이었다
맨발의 그녀에게
버선발을 신긴다

찐 고구마
허기 채워
뙈밭
일구러 다니던
그녀

댕댕이 소쿠리 가득
노을 이고
산비탈 내려왔다

때 절은
몸뻬 바지
귀밑머리 서리꽃이고
그녀가 누워 있다

맨발이었다

초경의 누이

둠벙 가
오종종 앉아
깨구락지 낚시
방개 잡는
코흘리개 아이들

찔레넝쿨 아래
달롱개 캐던
초경의 누이가
들일 간 엄니
애타게 불렀다

찔레꽃은
푼수데기로
자꼬 자꼬
누이 피꽃처럼
돋아나고

울타리에 핀 꽃

연탄재 불씨가 넘어가고
성냥알이 넘어오고

열무김치가 넘어오고
추어탕 투가리가 넘어가고

봉숭아씨 따먹은 병아리가
울타리 아래 헤비작 조울고

성자 누나 노랫소리가
꽃나비처럼 팔팔 날아다녔다

고샅길

불빛 하나 없는 어둑한 고샅길은 허청허청하다

막차리 집 지숙이네 똥개가 대추나무에 걸린 달을 보고 맬짝 없이 짖어대고 노름판 명자 아버지가 통행금지* 해제 싸이렌이 불고 난 뒤 꽁마리로 들어왔다

날이 새면 두부장수 소금장수 엿장수 새우젓장수가 번갈아 들어오고 삽짝거리 밥 동냥 나온 거지 패거리들, 쭈그러진 깡통 두드리며 각설이타령을 구성지게 늘어놓았다

박 바가지 보리밥 한 주걱 퍼 들고 정지문 나서는 엄니, 아버지는 왕골자리 막내가 싼 물개똥, 워리**를 불러 핥아 먹이고 군기잡기 놀이하는 꼬맹이들, 고샅은 늘 시끌하였다

* 통행금지 : 밤12시~새벽4시
** 워리 : 개이름

2부

눈물꽃

사친회비

약속한 월요일 쫓겨 왔다
어머니는 돌아앉아
치맛자락 콧물 훔쳤다
아무 소리 못한 채 돌아가
또 거짓말을 했다
"내일은 꼭 주신대요"
교탁 옆 마루바닥
무릎 꿇어 두 팔 치켜들고 벌섰다
창밖, 눈송이가
개똥벌레처럼
드문드문 날아다녔다
교무실 종이 울리고, 아이들은
장작불 난로 곁으로
우르르 모여들었다
새떼처럼 지저귀는
그 뒤편
고개 숙인 한 소년이 서 있었다

바덕바우

해꽃 속으로
걸어 들어간 사람 있는가 보다

사내의 꿈은 해를 묶어
방안에 가두어 두고 바라보는 것

뒷담말 공동변소
낡은 송판때기 문짝
새끼줄 한 토막 쥐어들고 온종일
해를 쳐다보고 있는 바덕바우

진악산 월봉재
저녁 해 기울기 시작하면
상진말 골짜기 허겁지겁 올라갔다

어둑 녘,
그의 손은 언제나 빈손이었다

어이 바덕바우?
오늘도 헛수고 하였는가 물으면

그냥 씨익 웃기만하는 그의 얼굴
시든 접시꽃처럼 희끄무레 바래 있었다

눈물꽃

쇠전다리
한잔 집

구쇠젖*
해남 가시내

남도창
한 가락에

뚝뚝 지던
눈물꽃

* 구쇠젖 : '구유젖'의 방언.

비비미 동네 골목길

옹색한 비비미 동네 골목길
처마끝 내걸어 놓은 전등불빛
밤은 언제나 골목으로 들어섰다

술주정뱅이 엄나무 집 눈끔쩍이 영감
길거리 채소장사,
이북 여자도 리어카 끌고 들어왔다

늦은 아이들 서넛
휘파람 불며 언덕으로 오르고

콜록콜록
이따금 들려오는 고뿔 앓는 기침소리
젖배 곯은 아이 울음소리
골목은 수런수런 생밤을 앓아누웠다

사랑채 사내

쇠기지름 등잔불이 졸아들고
달그림자에 걸린 박쥐가 파닥거리는 밤

새끼 품은 부수바우 부엉이 서럽다

날이 새면 사랑채 사내는 사방공사 날품 팔아
밀가루 한 봉다리 배급 받아 올 것이고

어미 없는 어린것은 멀덕죽 핥아먹고
왕골자리 물개똥 질펀하게 싸 놓을 것이다

살구꽃 봄날

살구꽃 그늘 아래 누이동생 동무 계집아이들이 반도 삼천리 노래를 부르며 고무줄놀이를 하고 있었다

봄빛 맞으러 나온 먹구렁이가 초가지붕 용마름 오르는 것을 바라본 놀란 제비가 동네 제비 모두 불러들여 새까맣게 날며 시끌벅적 지저귀자 처마 아래 새끼들이 둥지 안으로 몸을 숨겼다

경찰서 오포가 크게 울리고 마루끝 걸터앉아 참지름 발라놓은 보리개떡을 먹고는 짐치 멀국 떠먹으려 하는데 몽당손 젊은 문둥이 여자가 동냥을 왔다

도근도근 뛰는 두려운 가슴 억누르며 윗방 옹기단지 보리쌀 한 종구라기 가득 담아 동냥자루에 쏟아주자 아가야 고맙다 인사를 하고 돌아가는 뒷모습

나는 문둥이 여자가 가여운 생각이 들어서 몰래 뒤따라 나섰다 은빛 물결 일렁이는 밀밭 사잇길 풀피리 불며가는 그녀를 바라보다가 나도 문둥이가 되어 따라가고 있었다

엿장수

전라도 담양 죽 마을이 고향이라며
인삼 캐는 시절이 그 언제요
강을 건너 물어오던 남루한 사내

때묻은 엿목판 하나 짊어지고
댕기머리 딸내미 손놓지 않았다

큰일 났네 해는 지고
읍내까지는 여기서 머니께
끓인 보리죽이거니 한 그릇 드시고
사랑채서 하룻밤 묵어 가시오

아가야 어서 들어오니라
쯧쯔 워떡한다냐 이 어린것을 데리고
먼데까지 왔으니

젊은 양반 이 애 애미가 없오?
애 이무기때 이 애를 낳디 그만 잘못되었이요

어디 수양딸이라도 보냈으면 좋것네
안됩니다 안돼요 이 애 없이 못삽니다

처마 아래 물캐진 박꽃 한 송이 툭 떨어지던 그 초저녁

콩 서리

도랑 건너 순예야
콩 서리하자 작당한 건 나야

산비알 쪼가리 밭뙈기
주인 몰래 콩대 뽑아
순예 너랑 마주앉아
니가 성냥불 댕겨 후후 불었지

후루루 타오르는 가을 볕살
탁탁 튀는 콩깍지
시뻘건 잿불 뒤적뒤적 주워 먹은
새까만 입언저리

자 좀 봐 자 좀 봐,
숯껌둥이 자 좀 봐
오빠는 오빠는 참

뿔그레 웃는 살구 빛 두 볼
순예 니가 참 이뻤다

볼그레한 잠자리
수숫대 꼭대기에 앉았다
콩대 끝에 앉았다
포르르 포르르 날며 놀던
그해 늦가을

골목길

돼지 깔 베러 망태를 메고 나간 돌팡배기 땡기는 꽃뱀을 잡아 칡덕에 묶어 끌고 들어와 똥돼지 막에 던져 넣었다

군북면 하늘이 댁은 아이를 낳다가 꽃상여에 실려 골목을 나가고 옆집 길례아버지는 새끼 밴 암돼지를 내다 팔던 날 술에 취에 들어왔다

빗물이 그리로 들어와 수채 구멍으로 흘러 나가고 회오리바람이 그곳에서 잠을 자고 갔다

인공난리 새빨간 완장을 차고 꺼들거리던 경순네 삼촌이 순사에게 끌려가 뒷골에서 총살을 당하고 전쟁터에서 죽은 동주네 큰형 전사 통지서를 빨간 자전거를 탄 우체부가 들고 왔다

시도 때도 없이 아내를 패대는 주정뱅이 아비를 둔 순돌이는 달랑 옷 한 벌 입은 채 집을 나가 여태껏 소식이 없고 왜정 때 징용으로 끌려간 오촌 아저씨가 폐병이 들어 일본에서 돌아왔다

철부지 꼬맹이들은 저립대* 끝에 거미줄을 돌돌 말아 매미를 잡고 도롱테를 굴리며 골목길을 빠져나와 논둑길로 달려나가고 칠월의 들쥐들이 꼬리를 물고 들어왔다

장맛비가 억수로 퍼부어 대던 날 강물에 빠져 죽은 다섯 살 외아들을 품에 안고 작은 고모가 미친 듯 울며 맨발로 걸어 들어오자 동네 사람들이 "영자네 워떡햐 영자네 워떡햐" 빗속으로 뛰쳐나왔다

* 저립대 : 껍질벗긴 麻대

땜쟁이 할아버지

땜쟁이 할아버지 오는 날
햇빛도 쨍쨍 골목길은 즐겁다

도장빵빵이도 방맹이코도
짝귀도 육손이도
언챙이도 눈깔바우도
골목으로 쏟아져 나왔다

아이들은
공쟁이 빗자루 싸리 빗자루 말을 타고
외쳐댔다

"헌 냄비 주전자 양은솥 때워요 우산 고쳐요."

동네 어귀까지 따라 나가
한 바퀴 돌아올 때는 별들이
하나 둘 얼굴을 내밀기 시작하였다

모닥불

초상집 유대꾼들이
똥돼지 도래기꾼들이
싸전바닥 지게꾼들이
넝마주이 거지들이

비잉 둘러앉아

나이롱뽕 얘기
똥갈보 얘기
개 자지 얘기
뱀탕 얘기

모닥불은
얼굴이 달아올라
탁탁 불총을 쏘아 댔다

목련꽃 피는 봄날

목련꽃 피는 봄날
금을 캐던 폐광산 돌매기 탱자나무 집 순자는
대전 방직공장에 취직시켜 주겠다는
방물장수 아줌이를 따라 보따리를 쌌다

해소 기침으로 앓아누운 순자네 아버지는
방문을 내다보며 서러운 눈물을 흘렸다

몇 년째 소식 없는 순자

순자 갸는 말여
대전 중동인가 정동인가 하는디서 창녀 노릇한댜
봤다고 하는 사람 있어
그 방물장산가 하는 여편네가
사창가에 팔아넘겼는가 봐
월래 그년 수상터라구

목련꽃 피는 봄이 오면 뒷 재 팽나무 아래
순자야 순자야
딸의 이름을 부르는 쭈그렁 늙은 아비가 있었다

보리쌀 한 되

그녀 치마폭
숨긴 박 바가지

세 집 돌아 꾸러 간
보리쌀 한 되

"미안해요.
번번이."

보리타작 마당

보리타작 마당
도리깨 휘두르는 아버지
삼베빤스 물캐잠지가 털럭거리고

적삼 아래 흘러내린
엄니 까만 젖꼭지
동냥 나온 늙은 중이 흘끔거렸다

여름날의 적요

며칠째 퍼붓는 열기, 에스*는 혀 빼물어 엎드려 졸고, 병아리는 봉선화 그늘 아래 앉아 꾸벅꾸벅 졸고, 볕살만 널려 있는 빨래줄, 울 넘어 날아든 고추잠자리가 허공 몇 바퀴 돌아 빨간 금줄을 그려 놓고 이내 날아가 버렸다 .

마루끝 걸터앉아 연신 부채질을 하던 할머니도 벌러덩 누워 잔 코 곤다. 지는 해 쫓아 바라보는 주름 박힌 해바라기, 바람 한줌 날아들지 않는 들판 쬐깐이 엄니도 나무 그늘 앉아 쭈그렁한 젖무덤 땀 닦아내고 있다. 여름 한낮의 적요(寂寥), 볕살 뿐이다.

곤곳 난 등짝 피고름 짜내던 그 여름날 오후.

* 에스 : 개이름

겨울밤의 꿈

송이눈 폴폴 내리는 밤에는
회충 배 앓는 아이들이
국방색 대꼬바리 댄찌 켜 들고
초가지붕 참새를 잡아 구워 먹었다

불기 없는 냉 고래 방
사람 키 훌훌 날아
혼을 빼간다는 남산 구미호 이야기
단군 신화 같은 겨울밤이
눈발 속으로 아득히 깊어가는 것이었다

겨울 풍경

산골 아이들은 삼장막*에 모여 앉아
성냥알 내기 민화투를 쳤다

사주단자 받은 성자누님
원앙베개 함박꽃 수를 놓고

딱딱,
야경꾼들이 방망이를 치며 골목으로 돌아 나갔다

종이등불 켜 들고 변소간이 간 할머니
내끼놈들 내끼놈들
닭서리꾼들이 후다닥 달아났다

밤은 어수선 우렁우렁 깊어가는 것이고

* 삼장막 : 인삼밭을 지키기 위해 지어놓은 움막

남진 쑈

비비미 동네 빨래터 발기된 잠지 꺼내 들고 히죽거리는 물대공 포스터는 그 등짝에 걸려 있다. 절름발이 선전 부장은 꽹매기 치며 앞장서고 쪼무래기 아이들은 꼬리 물고 시내를 한 바퀴 따라다녔다.

꾸역꾸역 밤길 걸어 촌에서 모여든 사람들 날라리 불고 북치고 나팔 불고 금산극장은 발 들여놓을 틈새 없다. 매점 오징어 땅콩 아이스께끼 통은 얼이 빠져 지쳤다

무대 뒤편, 가슴 아프게 가슴 아프게 마이크 든 남진이 나타났다 휘휘 휘파람 불고 고함치는 아우성 붉은 양철 지붕이 들썩이고 회벽이 흔들거렸다. 남진은 가수의 황제, 폭풍우 치듯 휩쓸고 지나간 무대 붉은 장막이 내려도 사람들 일어설 줄 모르고 달아오른 흥분 가라앉지 않았다.

귀가길, 술렁술렁 미루나무 가로수 이파리도 덩달아 흥얼거렸다. 남진의 이야기는 뽕따는 처녀 치마 속으로 쇠깔 베는 총각 사타구니 속으로 싱숭생숭 여름내 퍼져 나가 들판 곡식들도 잘 자라났다.

스무 살 태영이가 그 밤에 만난 처녀 남이면 하금리 최씨네 집으로 오색 테이프 휘날리며 삼발이 트럭을 타고 장가가던 그 해 가을, 지쟁이재 너머 비실동네 스피커에서 저 푸른 초원 위에 그림 같은 집을 짓고 남진의 노래 소리가 푸르게 울려 퍼졌다.

짐칸에 서서 타고 가던 우인 대표 친구들이 손뼉을 치고 발 구르며 고개 젖혀 목청 돋워 신명나게 따라 불렀다. 검은 바위 상고머리 종이비행기 아이들이 우르르 뛰어내려와 흙문데기 자동차 꽁무니를 할딱할딱 쫓아오고 남진의 노래 소리는 삽짝 거리 박 바가지가 깨어질 때까지 이어졌다.

땅 불

초상집 옷이 타는 개굴창
거지들이 빙 둘러앉아
쇠고기 국밥에
흰쌀밥 실컷 먹어봤으면
원이 없겠다고

땅 불에
개구리 뒷다리 구워먹은
가난한 아이들이
수군수군 언덕을 내려오고

통통 방앗간 어른들은
사금파리로
거세한 돼지 불알 두 쪽
땅 불에 구워 농주를 마셨다

땅 불을 놓다가 땅벌에 쏘여
퉁퉁 부어오른 이마빼기
된장을 바르고 앓아누운 날

3부

장 마중

장날

인삼전 닭전 싸전
나무전 소전
뚜뱅이네 국말이밥 집에도

먼데 사는

외할머니
이모 고모 숙모
고종사촌 외사촌을 만나
반갑기만 한데

동냥 나온
상이군인도
문둥이도 각설이도
늙은 여승도

죄, 춥기만 하다

금산 장터

인삼거리 노점
징징 따라 나온
단발머리 딸아이

몸뻬바지
스물다섯 어미는
앙칼지게 패댔다

어린것은
가을 달처럼 차게 울며
고샅길로 달아나고

그녀는 서글퍼서
연신 옷고름을 찍는다

헛것처럼 떠내려간 하루해
리어카를 끌고 오르는
남산 판자촌 골목길

벼락치듯
허공 깨지는 파열음 있었다

엄마야!

금산 여름

신미당 시계포 초가지붕 곱은 자 집 처마 아래 조롱벌이 주살나게 날아들고 간간이 더운 바람이 살랑거린다

원미당 아이스께끼통 짊어진 베잠뱅이 코찔찔이 아이가 젖은 목소리로 아이스께끼 외치며 신작로 자갈길로 돌아나갔다

칠성당 총포집, 웅골 지름방앗간, 풍미당, 국화빵집은 바람 한 점 없이 허리를 꺾어 짓누르고

금화루 우동가락 치는 소리 놀란 비석거리 깔깔매미 울음소리가 오동나무 이파리에 빗물처럼 매달려 반짝거린다

지우개 달린 노랑문화연필 한 자루 사 들고 삼미상회 미닫이 문턱 넘어섰을 때 머저리 같은 여우비가 전북여객 함석지붕 위에 올라 통탕통탕 구르고는 방아고개 꽃제집 쪽으로 달아났다

미루나무 가로수 구렁이가 기어 내려와 하얀 남방 곤색 치마 갈래머리 여학생 가랑이 사이를 흘끔 쳐다보며 발자국을 찍고 읍사무소 담벼락 속으로 들어갔다

호수다방 길거리 젊은 문둥이 여자가 쭈그러진 우유 깡통을 놓고 오이꼭지처럼 말라붙은 젖꼭지를 어린것에 물리고는 서러운 눈빛으로 미량지 얇은 손 내밀었다

뒷기내 수채 구멍 실지렁이가 말라죽고 탑선리 연못 물웅덩이 붕어새끼들이 수면 위에 떠올라 가쁘게 숨을 몰아쉬던 날 둑방 버들개지 굵은 가지가 맥없이 부러져 물구덩이로 쑤셔박혀 부르르 떨었다

달빛이 박꽃 지붕 위에 눈부시게 쏟아지고 먼산 소쩍새 몇 번 울고 난 초저녁 막내 동생이 세상에 첫울음을 토해냈다

해복간 끝낸 앞집 해영이네 어머니가 집으로 돌아가고 미역국 끓이는 아버지, 굴뚝 연기가 울타리를 휘감아 허공으로 올랐다

금산 장날

초가지붕 날이 새어 꼬무락거리는 장터골목 술국 끓이는 쭈구럭 할매 가마솥 시래기 해장국은 푹푹 가슴 태워 짜증스럽다

도라꾸 장짐 위에 피난민처럼 올라타고 태봉재를 넘어온 라이타돌, 참빗, 사카린, 검정고무줄, 아리랑 성냥 통, 좀약, 화장품, 회충약, 곰쓸개, 고래고기, 염색물감, 장돌뱅이 대전 장사꾼들이 술국에 보리밥 한 주걱 말아 시린 속 데우고 나갔다

삐뚜름, 밤색 중공군 모자를 눌러쓰고 군용 다비짝을 신은 운전수가 복자왕기 대포 몇 잔 벌컥벌컥 들이켜고는 벌겋게 달아오른 낯빛으로 농을 걸며 주모 사타구니 더듬었다

썩을 놈 더러운 손모가지 못 치워 급살 맞아 죽을 놈 늘 욕을 얻어먹고도 푼수 낀 듯 헤헤 넉살 떠는 털보

점심때가 되어 국방색 담요에 어린것을 업고 삼십 리 밖 개지기 골짝에서 동냥 나왔다는 때꾼하게 야윈 여자가 시래기 국말이밥 한 그릇 얻어먹고는 너부죽이 눈인사를 하고 무지렁이처럼 걸어나갔다

오후가 들어 주막집 처마밑으로 야바위꾼 가판대 위로 노점상 털모자 위로 참새구이 포장마차 지붕 위로 팥죽집 목로 가마솥으로 소구루마 나뭇단 위로 목단꽃 옷 벗어던지듯 무녀리 눈발이 설레발이로 몸 흔들며 내려왔다

장꾼도 장사꾼도 뿔뿔이 흩어져 간 썰렁한 장터 호야불이 하나둘 켜지기 시작하고 선술집 대폿잔에 취한 건달패들이 지나가는 행인에게 시비를 걸며 맥주병을 깨트려 자해한 뱃가죽 뚝뚝 눈길 위에 붉은 꽃그림을 그렸다

상이용사 한 패거리, 전우의 시체를 넘고 넘어 앞으로 앞으로 군가를 부르며 이리떼처럼 소전다리 술통 골목으로 들어서자 대폿집 문이 모두 닫히고 골목은 쓸쓸히 누웠다

선달그믐 금산장터 수묵화는 그렇게 갈가리 찢겨져 옴팡집 처마끝에 등신처럼 매달려 대롱거리고 다홍치마 색동저고리 계집년 하나가 치마꼬리 걷어 끼고 깍지발로 기대서서 볼우물 샐룩샐룩 야살스레 휘파람을 분다

곡마단이 오던 날

금산 읍내 곡마단이 들어오는 열흘 전부터 나팔수들은 스리쿼터*에 올라타고 촌 동네 구석구석 돌아다녔다

협동조합 비료 값 갚을 돈, 농약 방 외상값 갚을 돈, 인삼다리 이삭 주워 판돈, 품삯 줄 돈, 이웃집 꾼 돈, 곡식 한 되박 팔아들고 뒷담말 가설무대로 개미떼처럼 꾸역꾸역 모여들었다

남의 할머니 치마폭 숨어들다 귀싸대기 얻어맞고 우는 아이도 있고 눈치 빠르게 끼어들어 간 얌체 아이도 있고 천막 주위를 돌며 애가 타는 가난한 집 아이도 있다

원숭이 쑈 코끼리 쑈 말타기 그네타기 접시돌리기 외발자전거타기 술통 돌리기 신출귀몰한 묘기가 벌어질 때마다 넋이 빠져 화랑이 치며 고함지르고 호동왕자 낙랑공주 사랑이야기 가야금 열두 줄이 끊어졌다

가수가 되겠다고 곡마단을 따라 나간 옹기점 동네 상철이 누님은 한 해가 지나 씨도 모르는 애를 배이 돌아와 애비에게 머리채를 잘리고 어미는 남이 알까 방바닥을 치며 소리 없이 흐느꼈다 뒤동산 소쩍새도 밤새워 울고 갔다

달포쯤 지났을까 여우비가 남새밭으로 심란스레 깔리며 지나가고 산 매미 시끄럽게 울던 저녁나절 그녀가 등구나무에 목을 매었다는 소문을 듣고

동네사람들이 정신없이 모여들어 수군덕거리고 새까만 안경을 쓴 지서 순경이 삼천리 표 중고 자전거를 타고 화급히 달려와 꺼들거렸다

그녀를 꽃처럼 감싸 안아 준 것은 측은히 바라보던 무지개 뜬 저녁 해였다

* 스리쿼터 : 지프와 트럭의 중간 급의 자동차. 적재량이 4분의 3톤이다.

장 마중

부엉이 우는 진악산 보티재 날망
달그림자에 비치는 인기척
아버지?
오냐 나다 춥지 저녁은 먹었냐
애비 대포 한 잔 마셨다
어여 가자, 관솔불 다 타것다

자식 하나 너 고생 시켜 미안타
전답 한 뙈기 없으니 어찌하것냐

너는 말이다 애비같이 살면 안된다
워디 가서 시계 고치는 기술을 배우던지
중국집 우동가락 뽑는 기술을 배우던지
읍내로 나가거라 재워주고 밥 준다 하드라
진외가집 오촌 아저씨 읍내에 사는 거 알지
애비가 한 번 연줄 대 볼께 알았지
왜 말이 없냐 애비가 시키면 하는 거다

분탕골 구장 아들은 말이다
서울 가서 청계천인가 세운상간가 하는디서

짐꾼 노릇을 한다는디 돈 잘 번다 하드라

하늘만 빼꼼 보이는 이런 벽촌에서
숯이나 굽고 살아 뭐 하것냐
애비 꼬락서니 좀 봐라 이 꼴이 뭐냐
날이 추워 그런지 금산장터에 사람도 없드라
낼 모레가 니 엄니 제삿날인디
조기새끼 한 마리 못 샀다
또 채 나물이나 올려놔야지 어떻하것냐
살아서나 죽어서나 느그 엄니 참 불쌍타

야야 저기 저 달 좀 봐라
젊어 니 엄니가 저래 뽀얀하니 이뻤다
지금까즘 살아 있으면 월매나 좋아하것냐
조막만한 핏덩이 니가 이렇큼 장성했으니 말이다

보매기

새말 보탕 물은 물레방앗간 수멍을 지나 왜 끝이 봇도랑을 타고 사거리 동네 끝 재실 아래로 내려갔다

석 달째 가뭄이 들자 물싸움이 밤낮으로 일어나고 아랫말 마당과부 강씨 아주머니는 옷을 홀라당 벗고 물꼬 앞에 들어앉아 아무도 범접 못했다 날로 인심이 흉흉해지자 분말 보강구는 마을 공회당에서 회의를 열어 개돌 날을 잡았다

큰 배미 구룻논 열 닷 마지기 농사짓는 최 바우네 집에서 밥을 짓고 영동할머니 작은 아들 해창이 아저씨가 자전거를 타고 새말 도가집 막걸리 세 통개를 받아왔다 가랫줄 당기는 어영차 소리 둥구나무 참새들이 하늘빛을 동이로 퍼 내렸다

아까데부터 박바가지로 막걸리를 퍼 마시던 흔들비쭉 재성이 오촌 아저씨가 혀 꼬부라진 소리로 한 마지기 집이나 한 섬지기 집이나 똑같이 부역을 하는 것은 부당하다며 불평을 털어놓는다

그려 그려 술에 취한 찬식이가 가랫줄을 내던지고,
야 씹할 디려워 못하겠다며 또랑창에서 기어나갔다 그러자

짜식 갈티면 가 워떤 놈은 성깔없나 제미 씨부랄 뭐시 어쩌구 어째 이 새끼야 중말 태수가 화다닥 쫓아와 멱살을 잡고 땅바닥에 메다꽂아 퍼대기쳤다

그러자 인수 할아버지가 곰방대로 삿대질을 하며 야 이놈들아 이게 무슨 짓들이야 어서들 삽질이나 햐 이러다가 해 넘어가것다 이놈들아 아무도 대꾸하지 못했다 꺼머누리끼한 영길네 아버지가 목 뽑아 구성지게 농요를 부르자 금세 아무 일도 없었다는 듯 여기저기서 후렴을 넣고 흥겹게 따라 불렀다

보매기는 저녁때가 되어 그렁저렁 끝이 나고 둥구나무 그늘 풍장꾼이 장구 꽹가리 북 징을 치기 시작하였다 허리춤에 담뱃대를 꽂은 남식이 할아버지가 짝 다리춤을 추고 머리에 베수건을 쓴 해길이 아저씨 장수 아저씨 땡기네 아버지 군식이 수월이 창식이 규호, 곱사둥이춤 엉덩이춤 어깨춤을 추며 한바탕 굿판이 벌어졌다

봇물이 꿀렁꿀렁 흐르기 시작하자 어디서 날아온 물새 한 마리가 미꾸리를 잡아 명지바람 버드나무 숲으로 폴폴 날아가는 것이다

봄 오면 오시겠지

봄 오면 아버지 손잡고 오시겠지

무명베 흰 저고리 검정 치마 우리엄니
평생 즐겨 부르던
이난영의 목포의 눈물 흥얼거리며
진달래꽃 한아름 꺾어 안고 가쁜 오시겠지

별들이 내려와 등불을 켜고 산새들이 노래 부를 꺼야

비비미 검문소 동네 상리 58번지에 살던 내 아들
어디로 이사 갔느냐고 이집 묻고 저집 물어
2층 벽돌집 올려다보며
여기가 내 아들 집이라니 꿈만 같다 하시겠지

큰손자 작은손자 손자며느리 알아나 보실까
여덟 살 영준이 다섯 살 영태 증손자 등에 업고 춤추실 거야

신식 한증막 어머니 모셔다 드리고
아버지 즐겨 드시던 막걸리 한 주전자 받아다가
복자(福字) 왕기 가득 따라 드리면

창문 너머 먼산 바라보며 군밤타령 한 곡조
컬컬하게 목 젖혀 부르면서 뜨거운 눈물 흘리겠지

비단옷 금단추 기워 입혀 쌀밥에 쇠고깃국 생선구이
팔모상 다리 휘어지게 진지 올려
내가 어려 어머니가 하신 것처럼 생선가시 발라내어
밥 수저 올려드리면 얼마나 흐뭇해하실까

예전에 못해드려 한이 된 노잣돈, 엄니 고쟁이 속 봉창 담뿍 넣어 옷핀으로 야무지게 꿰매주며 가시는 길 당신은 박하사탕 아버지 탁배기 한 대접 받아 드리라고 꼭꼭 다짐 받아 손 흔들어 아버지 어머니 그 이름 부르면서 조심해서 잘 가세요 보내드리면

돌아보고 뒤돌아보며 오냐오냐 아가아가 내 걱정하지 말고
어여, 어여 들어가 까무룩 점 하나로 보이지 않을 때까지
손사래 치며 돌아가서는 밤낮으로 자식자랑 하실 텐데

봄 오면 오시겠지

설 대목장

이른 새벽 대전서 장짐 실고 넘어오는 도라꾸 장사꾼들은 피난민처럼 올라탔다

태봉재 오르는 빙판길 푸르릉 꺼지는 자동차
조수는 쇠꼬챙이로 발동기를 돌리고 사람들은 차에서 내려 밀었다

소전, 닭전, 나무전, 싸전, 난전, 인삼전, 옥천 영동 무주 진안 운주 논산 먼데서 장 보러 온 사람들 장터는 발 디딜 틈 없다

목로주점 찌그러진 송판때기 의자 걸터앉아 돼지 귀때기 한 점 오물오물 거리는 이빨 없는 늙은이, 손자 녀석 설빔 사러 나온 할머니, 장사꾼은 손뼉 치며 꼴랑거리고 장꾼은 깍자거니 흥정하고

엿장사 가위소리, 젖배 곯은 애기 우는소리, 대장간 망치소리, 패거리 싸움소리, 미친년 날궂이 소리, 약장사 북치는 소리, 난장 트는 소리, 야바위꾼 사술소리, 장타령소리, 네다비이 딩한 촌 아줌마 통곡소리, 저놈 잡아라 사복형사 고함치는 소리, 튀밥 튀는 소리, 음매 소리, 꼬꼬댁 소리, 짐!짐! 지게꾼 길 뚫는

소리, 가마솥 팥죽 삐죽삐죽 끓는 소리

자릿세 뜯는 껄렁패, 날치꾼, 협잡꾼, 쓰리꾼, 동냥 나온 문둥이, 삿갓 쓴 늙은 여승, 깔쿠리 손, 구경 나온 아이들, 지름집 꼬순 냄새, 생선비린내 장터는 오색잡탕 시끌벅적 희번들 거렸다

금산 극장 길거리 맥고모자 주정뱅이 늙은 단골 연사 "이승만 독제정권 물러가라" 못 본 체 지나가는 사찰계 형사

오라잇! 외쳐대는 전북여객 여차장, 이빠이 장꾼을 태운 전주행 막 버스가 흙먼지 뿌옇게 일으키며 오리장 삼거리를 지나 구룽고개로 올라가고 검문소 동네 전봇대 소피보는 고주망태 가마실 영감 푸새한 바지자락이 흠씬 젖고 손에 든 간고등어는 간데없고 지푸라기만 달랑 들려 있다

쇠전다리 색시 촌 야화처럼 돋아난 남포 불 홍도야 울지 마라 꽃들의 노래 니나노 젓가락 장단에 꺼들먹거리는 제원 용화리 촌놈 닭 모가지 비틀어지는 소리 밤은 깊은 늪 속으로 후물후물 빠져들었다

소몰이꾼

군북면 자즌뱅이 소몰이꾼 장씨는 아내가 쩔어 준 밤색 목도리를 감아 두르고 때 절은 솜바지 저고리 입성에 군용 다비짝 질끈 동여맸다 금산 읍내 장터까지는 큰 재 두 개 넘어야 하는 삼십 리가 넘는 먼길이다

여린 눈보라에도 울음 터트리는 산동백 가지나무 산새 한 마리 보아란 듯 눈사태 이는 벼랑 쪽으로 파락파락 날아간다

닭알 꾸러미, 말린 산나물, 돼지새끼, 강아지, 약병아리, 올무로 잡은 산토끼를 다래끼에 메고 장터에 가는 퀘퀘한 산골 여인들,

싸리바소쿠리 짚둥기미 산대나무소쿠리 미꾸라지통발 미투리 오동나무함박 산죽조리를 지고 팔러 가는 늙은이를 만나는 것은 말동무가 되어 친근하니 좋다

산 아래 외따른 초가집 새벽밥 짓는 연기 모락모락 피어난다 그 집 누군가도 오늘 읍내 장을 보러가는 사람 있는가 보다

조정천 청둥오리 두 마리 물안개 속으로 날고 묵은 배추밭 새

끼 몰고 내려온 노루도 철마산 기슭 오른다

총각귀신이 밤마다 나타난다는 비비미재 공동묘지 날망, 산 아래 읍내 초가집들이 꾸무럭꾸무럭 깨어나고 있었다

몰고 온 소떼 거간꾼 손에 맡기고는 목로집 뜨끈한 암뽕 한 점 왕소금 찍어 모래미 한 왕기로 얼은 몸 풀었다

옥천에서 왔다는 굵은 행전에 건을 쓴 고깃간 주인에게 팔려 가는 황소 궁둥짝 툭툭 치며 잘 가거라 이눔아 떠나보내는 장씨 두 눈에 눈물이 글썽하다 오후가 들어 국방색 돈 전대 허리에 단단히 묶어 바지춤 밀어넣고는 이내 길을 나섰다

작년 가실 강도가 나타났던 가마실 이리리재 뭉털뭉털 떨어지는 눈송이 몇 개가 눈썹 위에 달라붙는다 앞서가는 소잔등 산새 한 마리가 앉아 촐싹촐싹 진드기를 쪼아먹고 이랴!이랴! 몰아치는 채찍질 짤랑짤랑 힘겹게 오르는 소떼, 번덕 넘어 굴참나무 숲 어둠이 까무룩 밀려들고 있다

싸전바닥

강을 건너 삼십 리를 걸어왔다는 노파가 지푸라기 닭알 꾸러미 두 줄을 놓고 싸전 바닥 앉아 있다

푸른 콧물 들락날락 거리며 손등이 갈라진 여자 아이가 휘둥그레 하니 할머니 치마 끝에 바짝 달라붙어 있는데

비로도 옷을 입은 젊은 여자가 이 애는 누구예요 아 야요 내 손녀딸이유 장 구경을 하고 싶다고 해서 데리고 나왔시유 이쁘지유

이거 팔아 찐빵두 사 먹이구 양말두 한 커리 사 주려구 그런다오 올봄 학교에 입학을 하거든요 그런디 아직 안 팔리네요 젊은 댁네가 좀 팔아줘요.

내가 이거 다 사 갈 테니 우리집 애보기로 보내지 않을라요 내가 옷 사 입히고 학교두 보내고 잘 키울께요

아녀요 그런 말 하지두 말어유 그랄려면 어서 가유 애미 없는 이걸 워찌 키웠는디 내참 별꼴 다 보것네

아이구 내 새끼 손녀의 머리를 쓰다듬는 노파, 비 묻은 서늘한 바람이 스쳐가고 있었다

중앙로

도로폭 십 미터도 안되는
미루나무 가로수 자갈길

이 길로 대전 전주 진안
무주행 완행버스가
시간 간격으로 다니고
벌목 실은 군용 제무시[*]가
흙먼지 일으키며
대전 방향으로 빠르게 지나갔다

사기그릇 장사
멸치장사 미역장사
피댕이장사 비단장사
헌 군복 장사를 태운 트럭이
장날 아침 이 길로 들어왔다

예수 집 십자표
국수배달 자전거에 아이를 치었다고
사람들이 웅성거리고
새파랗게 질린 아이를 안고

중앙의원으로 뛰어가는 어미
삼남약국 손님들이 목을 빼어 쳐다봤다

파장 끝낸
동동 구루무 삐에로 장사꾼이
등에 맨 북을 둥둥 발로 치며
동아여객 버스간 쪽으로 걸어갔다

* 제무시 : G.M.C 자동차 회사에서 제작한 4륜 구동의 트럭을 일컫는 말.

홍도리 나무꾼

아랫동수 물레방아간 모퉁이 박산감 웅크리고 있지 않을까 가슴 조이는 홍도리 나무꾼 멀리 췰리 개가 짖고 새벽닭 운다

수천리에서 온다는 나무꾼을 만났다 한 사람은 좁쌀 한 되박이라도 팔아야 늙은 부모 죽공양이라도 할 수 있다 하고 또한 사람은 시집가는 딸 고무신이라도 신겨 보내야 한다고 하고 또 다른 사람은 남의집살이 가는 아들 녀석 내복을 입혀 보내야 겨울을 날 것이라 하고

금산 읍내 나무전에는 소구루마를 끌고 四方간디 촌에서 올라온 나무꾼들이 먼저 자리를 차지하고 있었다

베수건 목도리, 토끼털 귀 싸개, 국방색 모자를 쓴 나무꾼들이 올게돌게 양지담 앉아 곰방대 담배통이 발갛도록 쭉쭉 빨며 주사는 워디가서 낭굴 한기여 그 동네는 낭구가 있덩가벼 아녀라우 무주부남까지 강기여 죽을 뻔했으라우

울티리감여 싸재비여 아니라우 상삭여 얼라려 요시세상 장작감이 워디가 있다 뭘 알려구 그랴 그려그려 묻는 놈이 푼수지

뭐, 옛사람처럼 돌개돌개 앉아 농을 걸며 정이 들어 히히 웃고 물코 풀어 담벼락에 닦아 내고 뱉어 낸 가래침 짚새기발로 쓱쓱 문지르고 새끼손톱 귓구멍 파내 가며 고뿔기침 콜록콜록 장마당은 따뜻하다

해거름 판 밤색 나까오리 모자를 쓰고 검정색 모직 두루마기를 입고는 명아주 지팡이 건들거리며 나무전에 나온 재개미 수염단 정미소동네 큰대문집 영감에게 헐값에 넘겼다

올 풀린 삼베 쪼가리처럼 허청거리는 몸 추슬러 부리나케 장터로 내려오자 寒데서 떨며 새우등이 된 대전장사꾼들이 주섬주섬 어둠을 꾸리고 있었다

벌대부 이씨네 집으로 중매가 드는 딸년, 뽈그레한 입술연지 하나 간절히 조끼주머니 사 넣고는 큰 다리 건너 선술집 들렀다

할매? 나 대포 한 잔 줘 에이구 오늘은 왜 이렇게 늦다냐 집이는 원제 갈려구 그랴 속창이 떨려 못가것씨라우 쯧쯧 파장이라 술이 있을랑가 모르것네 옹기단지 닥닥 긁어 퍼준 틉틉한 찌

끄래기 한 사발 쩝쩝 들이켜고는 값을 치르려 하자 관둬라 니놈한티 공짜술 한 잔 못주것냐, 어여 끄질러가! 밀쳐내듯 몰아치는 늙은 주모

귀향로

나 이제 돌아가리라 돌아가 아침저녁 구구구를 부르며 옛날처럼 살으리라 초가집 마당 분꽃 채송화 봉선화 꽃씨를 심어 물을 뿌리고 텃밭을 가꾸며 평화로이 전원에 살자 죽이 끓면 어떠하고 헐벗으면 어떠하랴

이웃집 정든 벗들과 마지막 이별의 인사를 나누자 산비둘기 국국 우는 오리나무 숲 재잘재잘 실개천이 흐르는 돌다리 깔고 앉아 피곤한 발을 담구고 휘파람 불며 가는 산꽃향기 그윽한 내 고향 두메산골

아아 그리던 꿈은 깨어졌다 오촌 아저씨도 서당말 당고모 할머니도 사촌형도 꽃시계 곱게 엮어 채워 주던 옥순이 누나도 강변 아이들도 종달새도 산여치도 밤으로 울던 뒷동산 부엉이 산산이 흩어진 허공뿐이다

실개천 대부둑* 도깨비가 산다는 전설 늙은 버드나무도 옛집도 모두 허물어져 흔적없이 사라졌다 아버지 어머니 아무리 소리쳐 불러도 반겨 줄 사람 없다 다 어디로 사라져 간 것인가 나 돌아가 누울 고향은 어디 인가

* 대부둑 : 방천

땡팔이

대전행 완행버스는
시간 간격으로 있었다

군 오징어 있어요
땅콩 있어요
광주리 아주매가
돌아나가고

오리 밖 새말 정류소
얼굴에 칼자국 박힌
꼬달머리 드럽게 생긴
땡팔이가 올라탔다

오 환짜리 연필 한 자루씩
앞앞이 돌리고는
독설 퍼내기 시작한다

아 씹할
먹구 살기 힘들구먼 잉
어떤 놈은 부모 잘 만나

배 터지게 처먹고 사는디
시방 이꼴이 뭐여
다들 말여 십 환씩만 도와주서 잉
큰집 가서 삼 년 살고 엊그제 나왔는디
성깔나면 말여 또
워떤 놈 대갈통이나 까버리지 뭐

고 새끼가 말여 째리고 바라보면 말여
겁나게 무서웠지 뭐 재수 드러웠어

묵주반지

크리스마스 캐럴송,
거리에 울려 퍼지는 성탄전야
금산중앙극장 앞 빙 둘러선 사람들

귀 달린 구렁이 보여 주겠다는 뱀 가루 장사인가?

뒤꿈치 세워 어깨너머 들여다보았다

젊은 거지 여자가 땅바닥 주저앉아
누런 이빨 속으로 옥수수찐빵 허겁지겁 밀어넣는다

도둑년!
누군가가 발길질을 했다

주님의 이름조차 잃어 버린 그녀
반짝이는 묵주반지

저녁은
판자집 지붕 위로 허름하게 기울고
싸락눈이 몰아치기 시작하자 하나둘 흩어져 가는 사람들
기쁜 소리사 주인은 서둘러 전등불을 켰다

4부

태극기 휘날리며

태봉재

육이오 전쟁 머리, 이 재를 넘어
미 육군 딘 소장이 포로로 잡혀가고
중무장한 국방군이
제무시를 몰고 흙먼지 일으키며
산내면 낭월동으로 들어갔다

마전 빨갱이 청년들이
태봉산 굴먹 총탄에 피를 뿌리고
언년이 아버지 끝순이 삼촌 영자네 오빠도
인민군에 끌려가 돌아오지 않는다

대전행 동아여객 완행버스를 타고

솔 공장 식모살이 가던 높은 논이 처녀
인동 딸네 집 해복간 가는 삽실 할머니
대전 중학교 유학 가는 어린 소년
장물건 사러가던 금산 장사꾼들이
낭떠러지 아래 스러져 이름 없는 산꽃으로 피어났다

오늘도 추적추적 비가 내린다, 비悲 비悲

덕만네 어머니

새벽 다섯 시 잠에서 깨어 창문을 활짝 열었다 목화송이 눈꽃이 어둠 속으로 뭉털뭉털 쏟아져 내린다. "입춘 날 무슨 눈이 이렇쿰 많이 내린댜!" 봄은 분명 오고 있는데, 무엇 때문인가, 은골로 넘어가는 산재 오두막에 산다는 덕만네 어머니가 눈발 너머 떠오른다.

그녀 나이 스물 대여섯 살쯤 되어 보일 때였다. 지금은 사라지고 없는 금산극장 길거리 자동차가 지나갈 때마다 흙먼지 일어나는 신작로 미루나무 가로수길 맨바닥 깔고 앉아 갓난것에게 젖을 물리고 있던 그 여자가 어느새 팔순의 늙은이가 되었다.

봉선화 꽃물 같던 그 고운 얼굴에 봄이 오는지 가을이 가는지 세상 돌아가는 일 모르는 채, 시절따라 다슬기 강냉이 미꾸라지를 팔기도 하고, 겨울이면 누더기옷 몇 겹 끼어 입고 앉아 호떡을 구우며 싱글거리던 서글픈 눈빛. 이른 아침 마수로 판돈 침 세 번 뱉고는 쌀쌀 흔들며 "이것 봐요. 나 마수했어!" 좋아라 호들갑 떨며 자랑하던 모습 어른거린다.

어떤 날엔 그 앞을 지나가다가 "아줌마 오늘 재수 있었어?" 친근하니 농을 걸기도 하며, 몇십 년 친해져서인지 눈이 마주치기만 하면 손가락으로 물건을 가리키며 이거 사가라고 권하곤 하였다. 그러던 그 여자가 지난여름부터 눈에 띄지 않는다.

헌 푸대 자루 둘둘 말아 깔고 앉던 푸석한 깔개 지나가던 바람이 잠시 머물다 갈 뿐이다. 중병이 들어 누워 있는지 저승 사람이 된 것인지 알 수 없어 섭섭한 마음 가시질 않는다. 민달팽이처럼 길바닥 몸 붙여 눈비 맞아가며 목숨줄 부지하여 살아온 그녀의 팔자가 안쓰러워, 다음 생에 태어나면 대갓집 마님이 되소서, 속마음으로 빌어 보는데, 가난한 발자국 소리 하나 골목길 오른다.

눈발은 더더욱 굵어져 수북수북 쌓여 내리는 것이어서 오고 가는 사람 길이나 내어 줄까 하고 오래된 외투 꺼내 입고 눈가래 들고 집밖 나서자 대전행 첫 직행 버스가 가로등 불빛 아래 미끄러지듯 지나간다. 삶이라는 것이 저처럼 잠깐 사이 스쳐가는 것이구나 하는 생각으로 열려오는 새벽하늘이 우중충한데 눈구름 허공 모퉁이 외톨이새 맑은 울음 끊어질 듯 들려오는 것이다.

병사의 술잔

— 정해봉 친구의 눈물

쇠전다리 텍사스촌 백 번째 주막집
남은 백 원짜리 동전 한 개
쿵, 나무탁자 위에 떨어졌다.
"야, 막걸리 한잔."
"술 떨어졌는데요."
"야, 가시나야! 너 곰보 되고 싶어?"
"정말, 술이 없어요."
"어! 너, 날, 뭘로 알고 까불어. 니네들 피맛 봤냐?"
사내는 느닷없이 유리잔을 들어
으드득 으드득 씹기 시작했다.

그리고는 겨냥한 그녀 얼굴,
산탄처럼 퍼져 나가는 유리파편,
송판때기 의자 부러지고
쨍그렁 쨍그렁 맥주병이 날아갔다.
투이호아 정글 숲 비처럼 쏟아지던 포탄처럼.
"야, 이 가시내야! 니네들 피맛 봤어? 피맛 봤냐구?"
킹킹 폭음을 내며 디저 나왔다.

쓰러지는 전우의 비명, 코를 찌르는 화약 냄새,
고막 터지는 포탄 소리
어미의 시체를 흔들며 울부짖다 잠든
어린 소녀 아이가 몽유병처럼 돋아났다.
밤이 잦아들면서 고개를 숙인 채
우르르 우르르 토해내는 병사의 울음
"니네들 알아?
야, 이 가시내야! 내 맘 아느냐구? 우우우!
미안, 미안 아이 엠 쏘리!"
금세 탁자 위에 얼굴을 묻고 코를 골던 사내.

그에게는 통금 시간이 아랑곳 없다.
"전우의 시체를 넘고 넘어."
꽥꽥 군가를 부르며
휘청거리는 부러진 다리를 끌고 오리장 연초조합
창고 뒷골목으로 유유히 사라져 갔다.

일산이가 웃었다

김일산이라는 거렁뱅이 중년사내
유리창 같은 낯색
찌그러진 목소리
앙칼진 눈빛 굳은 입술
아무도 웃는 모습을 본 적 없다.

상진말 알미 고개
번지 없는 그곳에 그가 산다.
어디서 흘러들어 왔는지
고향이 어딘지 아무도 모른다.

녹슨 양철 조각 움막집
비가 오는 날에는 명심보감을 읽었다

푸대자루 망토
산내끼 허리끈
낡은 다비짝

더부룩한 머리털
미제 숟가락 하나
달랑 허리에 찬 그가
만자동 박씨네 초상집
생 참나무 모닥불 쪼이고 있었다.

어느 선창가
똥갈보 애기
일산이가 웃는다.
홧홧, 대장처럼 웃는다.

조무래기 등신 거지가
대굴박 긁적긁적
썩은 이빨 하나 불구덩이로 퉤 뱉어냈다.

태극기 휘날리며

징집 통지서 받은 수백 명의 장정들이 중의바지 저고리 꺼먹 고무신을 신고 금산국민학교 운동장에 모여들었다.

큰아들을 전투경찰에 보내 놓고 작은아들마저 전선으로 떠나보내야 하는 미박골 큰집 숙모는 보리 누른밥 한 덩이 조끼주머니 넣어주고는 자식의 얼굴을 쓰다듬으며 어이구 내 새끼 어이구 내 새끼 하도 울어 말문이 막혔다. 운동장은 금세 울음바다, 아비가 울고 어미가 울고 자식이 울고 어린 학생들이 소리내어 울고 인솔 나온 병사계 서기도 찔끔찔끔 눈물 훔쳤다. 털병아리 어린 삼남매를 치마폭에 감싸 안고 하염없이 흐르는 눈물 옷고름으로 닦아내고 있는 아내의 손 놓지 못해 쫑마리로 올라탄 장정은 내 아버지였다

태극기를 그린 머리띠를 두른 장정들이 올라탄 군용 GMC가 흙먼지 일으키며 논산 방면 구릉고개 쪽으로 올라갈 때마다 신작로 양편 줄지어 선 학생들이 태극기 휘날리며 학도가를 부르고 또 불렀던 것이다.

부산구경

— 북에서 온 장씨 이야기

굵은 빗줄기가 담장을 넘어 창살을 쳐대는 그해 여름밤, 유별나게 갓난것이 울었다. 설핏 잠이 들었던 것인데 누군가 부르는 소리 어렴풋 들려왔다. 사립문 밖 내무서원이 빗속에 우뚝 서 있었다. 가슴팍 총부리 들이대며 "장 동무 부산구경 가갔시오? 안가갔시오?" 얼떨결에 끌려 나갔다. 저편 언덕 서늘한 그림자가 다가오고 있었다. 전등불빛 희미한 신의주 기차역, 수백 명의 장정들이 무연탄 수송 칸에 짐짝처럼 실렸다.

하현달이 기울고 있는 밤하늘 젖은 아내의 얼굴이 스쳐 지나갔다. 멀리 산기슭 서서히 새벽이 열리고 도착한 어느 작은 역, 된장 한 줄 긁고 지나간 보리 주먹밥을 들고 뛰었다. 땅 그늘이 질 때까지 강냉이 밭에 숨어 있으라는 군관의 명령이었다. 붉은 햇살이 떠오를 무렵 비행기 두 대가 나타나 무엇인가를 뿌옇게 뿌리고는 번쩍 불똥이 튀었다. 비명소리가 산을 흔들었다. 삽시간에 화마가 지나간 강냉이 밭 불에 타죽은 시체들이 뒹굴었다.

살아남은 스무 명의 사람들은 또다시 군관에 끌리어 밤 기관차를 탔다. 중간 역에 도착할 때마다 수많은 장정들이 올라탔다. 밤으로 달려온 기관차는 왜관역에서 마지막 무릎을 꿇고 장정들을 토해냈다. 과수원마다 독이 든 사과를 먹고 죽은 인민군,

송장 썩는 냄새가 진동을 하고, 까마귀가 눈깔을 쪼고 구데기가 우글거리는 풀숲에서 하루해를 보냈다.

장맛비로 불어 오른 낙동강을 건너던 8할의 장정들, 붉덩물이 쓸어갔다. 어둠 속 모랫벌 불쑥불쑥 일어서는 인민군, "동무들, 용감했오. 참 잘왔오. 이리와 밥을 먹으시오." 우르르 달려들어 허겁지겁 아구지에 밀어넣었다. 또다시 밤이 깊어지면서 맞불이 붙어 불꽃이 지글지글 탔다. 아시보총 방아쇠를 당기려는 순간 뒤꿈치에 총탄을 맞았다. 절뚝절뚝 산 아래로 내려왔다. 야전병원은 오간 데없이 사라지고 모래알들이 핏물을 거두어들이고 있었다

두려웠다. 강을 건너 집으로 도망쳐야 했다. 밤공기를 가르며 들려오는 두견이 울음소리 갓난것의 얼굴이 떠올랐다. 밭둑마다 산더미처럼 쌓여 있는 국방군 시체들, 생선 썩는 비린내가 코를 찔렀다. 강을 건너려는 순간, "손들어!" 누군가가 소리쳤다.

국방군 헌병이었다. 가슴에 숨겨둔 사과 두 개가 굴러 떨어졌다. 총 한방 쏘아보지 못한 장씨는 포로가 되어 부산 동래 수용소로 끌려갔다. 디디티 세례를 받고 들어간 막사, 인솔하던 군관이

먼저 잡혀와 있었다. "야 이 새끼야! 이게 무슨 부산 구경이냐? 이게 부산 구경여?" 냅다 아구통을 갈겼다. 쥐죽은 듯 싸늘한 막사, 전쟁이 일어났는지, 부산이 어딘지도 모르고 끌려온 스무 살의 운명은 이렇게 시작되었다.

"이산가족 등록은 하였나요?" "아니 그거 하면 뭐하냐! 삐쭉 한 번 만나고 오면 뭐 하것어?" "아내가 죽었는지 살았는지 보고 싶을 텐데." "그렇지. 자식이 어떻게 컸는지 궁금하지. 미안하기두 하구. 뻔해 조사 받구 비판 받고 그럴 텐데 뭐 할려구 고통을 줘. 내가 다 알어." 여든 살의 늙은 사내는 고개를 수그린 채 휠체어를 몰고 해 지는 백양나무 가로수길로 그림자처럼 사라져 갔다. 검은 먹구름이 사내의 머리 위로 잔뜩 몰려오고 있었다.

제일 국민병

공회당 마당 고무줄 놀이하던 계집아이들이 새떼처럼 내려앉는 삐라를 주우려 뛰어나가는 그때 말여

우라질, 웬수놈의 눈은 뭣땜시 이렇큼 내린댜 궁시렁궁시렁 아랫담 구장이 제일국민병 소집영장을 들고온 기여

그란디 말여 씨부랄 금산서 경상도 사천까지는 천리 길 아녀 징집통지서 받은 수백 명이 금산 국민핵교에서 출발한 거 아녀

방아고개를 넘어 수레끄티를 지나 냄일면 신정리 전진모퉁이 돌아강께 빨치산들이 따발총을 갈겨대잖여 겁났당께 정강이에 총알 한방 맞은 워떤 사람이 내 바짓가랭이를 잡는디 냅다 뿌리치구 똥빠지게 개굴창으루 도망쳤지뭐

진안 남원에서는 말여 시국대책위원횐가 하는 사람들이 주먹밥 한 덩이씩 주었는디 운봉재 넘어강께 개새끼두 안보여 몇일 굶응께 죽겠더라구 똥이 안 나와 눈구녁이 푹 꺼져 버리더라구

개뿔이나, 똥개처럼 엎드려 워디 먹을 게 없나 하구 기웃거리다가 파대를 뽑아 먹기도 하구 주인 몰래 닭을 잡아 대갈빨이부터 막 깨물어 씹어 먹었지 뭐

하루는 말여 어느 집 헛간에서 눈을 뜽께 그 집 개가 밥을 먹더라구 그래서 말여 지게작대기로 끄셔다 먹었당께 월매나 배가 고프면 그렇게 했것어 오죽하면 말여 인솔하던 순경두 도망치구 없더랑께

나중엔 말여 하루에 십리도 못 가겠더라구 생각해 봐 엄동설한에 춥구 배고프구 손발은 얼어 터지구 기운이 있어야지 논바닥에 짚불 피워 놓구 저구리 벗어 털믄 말여 이가 한 말은 떨어지더라구 사람이 사람두 아녀 짐승여 짐승

열일곱 어린놈이 말여 염병이 들었는디 길바닥에 퍽 하구 엎어지더라구 사람이 죽게 생겼씅께 밥 좀 한 술 도와 달라구 이 집 저집 한 술씩 얻어다가 어거지루 몇 순갈 떠 맥였는디 쫌 있응께 그놈이 숨넘어가는 소리로 어매 어매 어매를 부르다가 목고개 떨구고 말더라구

그란디 그놈 몸이 식응께 머릿니가 꾸물꾸물 기어나오는 거여 가마니에 둘둘 말아 산턱 아래 뉘어 놓았는디 산내끼루 칭칭 감아 돌린 떨어진 고무신 구멍으루 발가락 하나가 꼼지락거리는 거여 그걸 봉께 가슴팍 맺힌 피가 울컥 치솟더라구

진주남강 다리는 워떻구 전국에서 몰려든 사람들이 워띠케 밀려드는지 난간 없는 다리 아래루 무궁화꽃 떨어지듯 털퍽털퍽 떨어졌지 뭐 물귀신 된거여 많이 죽었어,

아~ 씹할, 이름도 없이 사라진 장정들
누가 알기나 알어 워떤 놈이 알어주냐구 개죽음이지 뭐 개죽음여 굶어 죽구 염병으루 죽구 부황으루 죽구 강물에 떨어져 죽구 사람 목숨이라는게 말여 서낭당 헝겊쪼가리 보다도 더 못 하더랑께

그 징글징글 한 얘기 그만허구 대포나 들어 대포가 최고랑께 부딪치고 부딪치고 대폿잔 마빡이 깨어지고 젓가락을 두드리고 진도 아리랑을 부르고 계집은 계집대로 쓰리랑이 찢어지고 계곡주에 폭포주 대폿집 방구석이 아라리루 넘쳐나는디 아아 그녀석 발가락이 말여 발가락이 말여

손

전쟁고아
때 절은 얼굴
허름한 의복

"한 푼 도와주세요."

송방 미닫이문
살금 열어 들이밀던
감잎처럼 꾀깐,
파리한 손

민들레꽃 세 송이

그해 겨울 차디찬 눈보라가 소전다리 아래 움막으로 매몰차게 몰아쳐 들어갔다

폐병으로 기침을 앓던 어미는 아침밥 동냥을 나가 한낮이 지나도록 돌아오지 않는다

칭얼거리는 어린것을 등에 업고 울먹거리는 누더기 소녀, 고깔모자를 쓴 다섯 살쯤 되어 보이는 머슴아이는 미끄럼을 타다가 울다가 양지쪽 쭈그리고 앉아 졸고

오후가 들면서 끼니를 굶은 아이들이 울기 시작했다 엄마엄마 눈보라에 섞여 들려오는 가냘픈 울음소리 지나가는 사람 누구하나 거들떠보지 않는다

저녁 해가 기울고 움막 안으로 어둠이 덮쳐 내렸다 울음소리는 더 이상 세상 밖으로 새어나오지 않았다

아침 햇살이 다리 아래로 비춰드는 시각 읍사무소 서기라는 사람이 움막 속으로 들어갔다 아이들이 짚 덤불 속에 오골히 얼어죽었다고 일러준다

여기 무슨 일 있어? 애기들 셋 다 얼어죽었다 워떡햐 불쌍해서, 북에서 피난 내려왔다는디 애미는 워디 갔댜그래 모르것어 애비는? 병들어 죽었지왜 안됐구먼 혀를 차며 웅성거리는 사람들 틈새 나이 어린 은하수집 아가씨가 울먹거렸다

이듬해 봄 개복숭아 꽃 불그죽죽 피어난 방천 둑 민들레꽃 세 송이가 오고가는 사람들을 맬그래미 쳐다보고 있었다

기우제

들은 먼지가 뿌옇게 일어 수숫대 고구마 들깨 밭곡식은 타들어 시들고 논바닥이 거북이 등처럼 갈라져 벼들은 숨이 차 헐떡거렸다 가뭄이 이대로 지속되면 모두 굶어죽을 것이라며 인심이 흉흉해지자 동네 구장은 동회를 열어 옥신각신 의견을 모아 기우제 날을 잡았다

장정들은 용머리 냇가에 나가 돼지 생 멱가지를 따 허공에 피를 뿌리고 흰 수염 단 마을회장 어른이 두루마기에 굵은 건을 쓰고 제물 앞에 앉아 기원문을 읽고는 술잔을 올려 큰절을 몇 번이고 하였다

아인리 탑선리 비비미 백기미 밭가운데 뒷담말 샛골 성터미 미박골 무명베 검은 치마 흰 적삼 입은 낭자머리 아낙들이 모두 나와 챙이에 물을 퍼 담아 까불어 비처럼 뿌리며 빌고 빌었다 〈하늘님이시여 노여움 푸시고 비를 내려 주옵소서 그저그저 세상 인간들 불쌍히 여기시여 한번만 도와주소서〉 산에도 들에도 비야 비야 장맛비야 내려다오

錦溪川은 흰옷 입은 사람들로 명꽃이 피어나고 읍장이 일제 미야다 중고 자전거를 타고 올라와 누런 미량지 돈봉투를 돼지

머리 귓구멍에 꽂고는 절을 올리고 간 뒤 읍내 지서주임이 막걸리 한 통개를 보내왔다

사람들은 술에 취해 동네별로 풍장을 쳤다 걷어올린 중의바지 한쪽 다리를 들고 절룩거리는 쌍둥이 아버지, 허리에 새끼줄을 묶고 어깨를 들썩이며 홍에 겨운 곰보 아저씨, 포로가 되어 전향했다는 신의주 아저씨가 고래고래 주정을 부리는가 하면 대전 병원 집 애보기로 간 열두 살 딸년이 보고 싶다며 찔끔찔끔 눈물 흘리는 순자네 작은아버지는 미친 듯 뛰며 왼종일 날궂이를 하였다

정성껏 기우제 올린 덕인가. 밤이 되자 서풍이 불어 둥둥 천고를 두드리며 비구름을 몰고 왔다 붉덩물이 들어찬 들은 물꼬트는 도롱이 쓴 사람들로 새벽부터 북적거리고 맹꽁이가 시끌벅적 울기 시작하고 허기진 어린 벼들이 젖물 빠는 소리가 온 들녘에 시끌벅적하였다

건넛산 소나무숲 백로 떼가 하얗게 날아드는 것을 바라본 울뱅이들이 재빠르게 몸을 숨겨 빼꼼 쳐다보는 것이다

어미

#– 주저앉아 땅을 치며 –

씹어 먹을 놈 잡놈 니 애미 못 잡아먹어 환장했냐
주리 틀어 죽일 놈
진악산 호랭이 워디 갔댜 저런 놈 칵 물어가지 않구

#– 코풀어 땅바닥에 닦아내며 –

원통해서 못 살것네 시상에 저른 놈이 워딧단댜
전쟁터에 서방 잃고 스물 둘에 혼자되어 저 눔 하나 의지하고
남의 집 품팔이로 고상고상 살았는디
이제 와서 이년 신세 억울해서 워디칸댜
하눌님도 너무하지 내년이 무슨 죄여

#– 가슴 치며 –

아녀 아녀 못 갈킨게 다 내 죄여 이년이 죽일 년이지
자식놈이 무슨 죄여 지 애비 핏줄이라고 달랑 하나 저 눔뿐
인디
어떻해든 가르쳤어야지 이 죽일 년아 염병할 년아
벼락 맞아 죽을 년은 내년이여 호랭이가 물어갈 년은 내년이여

#— 순사가 아들을 잡으러 오자 —

네놈들이 누구여 이 도적놈들
내 새끼 손도 대지 말어 이놈들아
내 자식 내가 키워 얼른 나가 내 집에서 얼른 나가란 말여
그녀는 바락바락 악을 쓰며 순사 바지가랭이를 잡은 채
한낮의 볕살 속으로 질질 끌려 들어가고 있었다

춤바람

2층집 목조건물 그 작은 비밀의 방

면장각시 순경각시 선생각시
생선 집 찐빵 집 지름 집
읍내 아줌마 촌 아줌마
고무신 벗어들고 기어들었다

쿵쿵
영혼을 흔드는 진공관 전축 소리
도롯도 부루스 지루박
빤짝이 윳동치마 봄바람 일었다

빨강 불빛 아래
늦은 야화의 꽃들이 흐느적거렸다
일천 구백 육십 오년 일월 팔일
혁명정부 풍기 단속 나온 날

남자들은 이층에서 뛰어내려
남의 집 슬레이트 지붕 깨뜨리고
장독 부서놓고 달아나고

여자들은 줄줄이 스리쿼터에 실려 잡혀갔다

사흘 밤낮, 유치장 신세 지고
머리채 싹둑 잘린 빵집 아줌마
개처럼 얻어맞고 쫓겨난 지랑이댁
보따리 싸 들고 도망친 대문 집 사모님

까무러쳐 생똥 싼 여자 있다더라
소문에 소문이 꼬리를 물어도
춤바람은 핏줄을 타고 회오리쳐 파고들었다

■ 작품해설

금산 토박이의 고향 연가

— 전병렬 시인의 작품세계

문학평론가 **리 헌 석**
(사)문학사랑협의회 이사장

1. 전병렬 시인은?

전병렬 시인은 1945년 4월 6일 충청남도 금산군에서 출생한다. 출생 몇 달 후 일본의 압제에서 벗어나 독립국 대한민국의 국민으로 성장한다. 조선시대나, 일제 강점기나, 해방이 된 공화국 시대나 서민의 생활이 어려운 것은 매일반이었을 터, 일부 계층을 제외한 대부분의 우리 겨레는 가난을 업보처럼 살아낸 체험을 추억하며 산다.

전병렬 시인도 그러하다. 그가 나고 자란 충청남도 금산군은 산자수려(山紫水麗)한 곳이다. 영약(靈藥)으로 알려진 인삼의 시배지(始培地)로 자긍심이 높은 곳이다. 그렇지만 가난한 서민들의 고단한 삶은 어느 지역에서나 비슷하였을 터, 시인 역시 성장기에 겪은 간난신고(艱難辛苦)를 작품에 반영한다. 특히 금산 사람들의 희로애락(喜怒哀樂)을 서사적 기법을 통하여 형상화한다. 스토리가 있는 시를 '이야기시' '담시' '서사시' 등으로 부르는데, 그의 시들은 콩트적 구성으로 되어 있어 이에 해당된다. 담시는 정서보다 스토리를 중시하므로 표현상 서술을 다용(多用)한다. 콩트는 간략한 스토리에 반전의 묘미를 보이는데, 그의 작품 다수(多數)에서 이를 통해 서정적 묘미를 담아낸다.

그의 첫 시집에 수록된 작품들은 대부분 서사적이지 않다. 현대 서정시의 흐름을 자연스럽게 원용하고 있다. 일부 작품에서는 한용운 선생의 시적 에스프리를 만나게 되고, 때로는 김영랑 김상용 이수복 시인들의 에스프리를 유추하게도 한다. 문학적 멘토의 작품을 다독하여 자기화한 것으로 보이는데, 단형의 서정시에 눈물 어린 추억을 담아내어 가슴 먹먹한 감동을 빚는다.

초가지붕
이웃집 새벽연기 피어오를 때
우리 엄니
빈 가마솥 물 끓는 소리
서산마루 새벽별도
섧게 울었다.

초가지붕
이웃집 저녁연기 솟아오를 때
우리 엄니
빈 도구통 방아 찧는 소리
뒷동산 소쩍새도
섧게 울었다.

— 1시집 「어머니 마음」 전문

부제(副題)를 '빈농의 풍경'으로 붙인 이 작품은 고단한 농촌의 아낙이 겪었을 내면적 고통을 구체화한 절창(絶唱)이다. 1연과 2연의 동일 형태는 반복의 강조 효과를 기대한 것 같다. 우리의 어머니들은 가난해도 가난을 겉으로 표현하지 않고, 안으로 삭이며 마음앓이를 하였다. 시인의 어머니도 그와 같은 입장이었을 것이다. 이웃집에서는 아침밥을 짓느라 새벽부터 굴뚝에 연기가 오른다. 그러나 시인의 집에는 쌀이 떨어져 가마솥에 물만 끓일 수밖에 없는 처지다. 그래도 밥을 짓는 것처럼 굴뚝의 연기는 오르게 해야 한다. 저녁에도 마찬가지다. 이웃에서는 쌀이나 보리쌀을 절구(도구통)에 넣고 빻아서 밥을 짓는데, 시인의 집에는 끼니거리가 없어 빈 절구에 공이질을 하여 소리만 나게 한다.

이 작품의 '엄니'는 시인의 어머니일 수도 있으며, 더 나아가 당시 가난하던 아낙의 대유라 해도 같은 감동을 생성한다. 어린 시절의 생활이 이러하였다. 부친은 농사를 짓고, 모친은 행상을 하여 자녀들을 양육하였으나, 가난의 멍에는 쉽게 벗겨지지 않았다. 이러한 가난은 그가 군(軍)에 입대할 때까지 지속되었다. 군에서 제대를 한 이후에 서울로 상경하여, 해보지 않은 일이 없을 정도로 다양한 직업에 종사하였다고 밝힌다.

그러던 중 뜻한 바 있어, 그는 고향으로 돌아와 자영업에 나선다. 세월이 흐르면서 사업도 번창하고, 나라의 발전에 맞추어 생활수준도 높아진다. 그렇지만, 고단하던 세월의 여러 추억들이 그를 시인으로 나서게 하고, 이를 소재로 그는 작품을 빚는다. 시 창작 초기에는 간결한 시형의 서정성을 추구하였지만, 2시집에는 금산의 풍물과 금산 사람들이 살아가는 모습을 서사적 기법으로 세세하게 그려낸다. 자신의 체험과 이웃들의 생활이 혼재되어 나타나지만, 이 작품들은 한결같이 눈물어린 감동을 생성하고 있다.

2. 가난은 아프고 슬프다

광복이 되기 전에도 우리 겨레 서민들의 삶은 눈 뜨고 볼 수 없는 지경이었겠지만, 광복 이후에도 그들의 삶은 나아지지 않았다. 「울 엄마」에서 시인의 어머니는 금산 특산품인 인삼 행상을 한다. 두 살배기 막내를 업고 경상도 부산으로 행상 나간 어머니를 기다린다. 그 어머니는 한 장(5일)이 지나도 돌아오지 않는다. 어머니 대신 열다섯 살 누이가 절구에 보리쌀을 갈아 '멀덕국'을 끓여 주지만 동생들은 울먹거리며 먹지 않는다. 시인이 동생들을 윽박지르자 그들은 숟가락을 팽개치고 '삽작거리'로 달아나며 운다. 그들은 '빨가동이'였고 모두 '맨발'이었다.

이와 같은 구체적 상황이 1950~60년대 서민들의 모습이다. 이렇게 눈물겨운 정경으로 살아갈 때였으니 학교 교육도 개방되어 있지 않았다. 이때는 요즘의 공교육 제도가 확립되기 전이어서 수업료(사친회비)를 내어야 학교에 다닐 수 있었다. 가난한 시인은 사친회비를 제 날짜에 납부할 수 없어, 가슴에 지워지지 않는 그림자를 남길 정도로 심리적 고통을 겪는다.

약속한 월요일에 쫓겨 왔다
어머니는 돌아앉아
치맛자락 콧물 훔쳤다
아무 소리 못한 채 돌아가
또 거짓말을 했다
"내일은 꼭 주신대요"
교탁 옆 마룻바닥

무릎 꿇어 두 팔 치켜들고 벌섰다
창밖, 눈송이가
개똥벌레처럼
드문드문 날아다녔다
교무실 종이 울리고, 아이들은
장작불 난로 곁으로
우르르 모여들었다
새떼처럼 지저귀는
그 뒤편
고개 숙인 한 소년이 서 있었다

—「사친회비」 전문

사친회비를 주지 못한 어머니의 눈물 앞에서 소년은 학교로 돌아가, 교사에게 거짓말을 하며 벌을 설 수밖에 없다. 벌을 서면서도 〈창 밖, 눈송이가/ 개똥벌레처럼/ 드문드문 날아다녔다〉고 노래한다. 이런 표현은 그가 좋은 시를 쓰는 시인으로 성장할 자질을 미리 보여주는 대목이기도 하다. 쉬는 시간이 되면 아이들이 장작 난로 곁으로 모여들어 떠들며 논다. 〈새떼처럼 지저귀는〉 이들의 뒤에서, 고개 숙인 한 소년이 서 있었는데, 그가 바로 전병렬 시인이다. 감정을 직접적으로 토로할 수 있는 상황이지만, 세세한 과정을 생략하고 객관적 묘사로 맺은 것이 이 작품의 요체(要諦)다. 놀라울 정도의 절제를 보이는 형상화이며, 이것이 바로 시인의 예술적 자질이다.

이와 같은 상황은 시인 자신에만 머물지 않는다. 그 당시 많은 청소년들이 방황하였는데, 도시와 시골을 가리지 않았다. 특히 북한 공산당의 6·25 남침에 의해 양산된 전쟁고아들은 조국 강산을 거지로 떠돌아다녀야 했다. 그 정경을 상상만 하는 것으로도 눈물이 날 지경이니, 그들의 삶은 상상할 수 없는 고난의 연속이었을 터이다.

전쟁고아
때 절은 얼굴
허름한 의복

"한 푼 도와주세요."

송방 미닫이문
살금 열어 들이밀던
감잎처럼 쬐깐,
파리한 손.

—「손」 전문

송방은 예전에 개성 사람들이 하던 주단이나 포목을 파는 가게를 이르는 말이다. 각 지역에서도 포목전이나 한복집을 송방이라 하였다. 이 작품의 핵심은 한복 가게에 전쟁고아가 동냥을 하러 온 상황이다. 그 고아의 파리하고 조그만 손은 나이와 영양상태를 구체화한다. 그 소년, 혹은 소녀일 수도 있는 전쟁고아의 외양을 객관적으로 묘사하여 연민의 정서를 환기시킨다. 그렇지만 지역마다 거지와 전쟁고아들이 워낙 많았기 때문에 동냥도 제대로 할 수 있는 것이 아니었다. 그러한 사실을 장황하게 서술하지 않고 간결하게 묘사함으로써 독자에게 상상의 여지를 남긴 것도 시인의 능력이다.

이와 같은 연민의 정서는 어린 동생의 요절(夭折)에서 영향받은 듯하다. 첫 시집에 수록된 「꽃무덤」에서 보면 〈산 벚꽃 피는 동산/ 비호산/ 이백 삼십 계단/ 공동묘지/ 못다 핀 일곱 살 아이/ 꽃 무덤〉을 묘사한다. 그 곳은 어린 동생이 묻힌 곳이다. 〈병들어 굶어 죽은 어린 영혼/ 밤마다/ 외로움과 두려움에 떨며/ 수백 번도 더/ 엄마를 부르다 혼절하였을 아이〉가 바로 시인의 동생이다. 〈4월이 오면/ 그 꽃 무덤 위〉로 꽃비가 내려서 〈슬픈 아이의 울음소리〉를 듣는다. 그리하여 시인은 〈하염없는 눈물〉을 흘린다. 이러한 정서가 전병렬 시인의 내면에 강처럼 흐르고, 그 폭발적 정서가 흐르는 동안, 그는 시인의 자리를 명예롭게 지키리라 본다.

3. 어머니와 성자 누나의 눈빛

전병렬 시인의 어머니는 행상을 하였다. 금산 특산물인 인삼 봇짐을 머리에 이고 전라도 광주, 강원도 원주, 경상도 부산지역으로 돌아다녔다. 그러다 포목점(송방)을 내어 금산읍에 정착하여 가정을 이끄는 중심 역할을 한다. 세월이 흐른 후, 전병렬 시인이 '잡화점'을 개업하는 모티브가 되었을 것이다. 시인은 공군에서 제대를 한 다음에 레코드 카세트 악기 등산용품 운동기구 등을 파는 잡화점을 내어 경제적 곤궁에서 벗어날 수 있었다.

그의 어머니는 가난한 가정을 이끌면서 매사에 정성을 바치는 현모양처였다. 「고사떡」에서 보면, 〈정월 초사흘 밤 부뚜막 갓 찧은 시루떡/ 참기름 종발 문종이 심지 정한 불 밝혔다〉는 묘사를 만난다. 〈금줄 친 부엌은 어머니 성전〉이라고 한다. 고사를 지낼 때 어머니는 〈머리 감아 빗고 새 옷 갈아입고/ 정갈히 무릎 꿇고 앉아 두 손〉 간절하게 비비며 가족의 안녕을 빌었다. 그러나 그 어머니는 가난에 울던 분이었고, 그 가난을 극복한 분이기도 하다.

그녀 치마폭
숨긴 박 바가지

세 집 돌아 꾸러 간
보리쌀 한 되

"미안해요.
번번이."

—「보리쌀 한 되」 전문

6행의 간결한 작품이지만, 행간에는 수많은 이야기가 응축되어 있다. 시인의 어머니뿐만 아니라, 대한민국의 아낙들이 1950~60년대 함께 겪었던 가난이고 설움이었다. 이러한 가난을 극복한 것은 개인의 노력도 노력이지만, 국가에서 펼친 새마을 운동과 비약적 경제발전이 울타리 역할을 하였을 것이다. 시인은 어머니가 작고하였을 때의 모습을 작품으로 빚어내기도 한다. 〈병풍 뒤편/ 그녀는 맨발이었다/ 맨발의 그녀에게/ 버선〉을 신기며 울음을 삼킨다. 어머니는 〈찐 고구마/ 허기 채워/ 떼밭/ 일구러 다니던〉 분이었다. 〈댕댕이 소쿠리 가득/ 노을 이고/ 산비탈〉을 오르내리던 분이었다.

전병렬 시인이 작품으로 빚어낸 여인상으로는 어머니가 중심에 있고, 누이가 몇 편의 작품에 등장한다. 「초경의 누이」에서 찔레꽃을 통하여 누이의 특성을 형상화하고 있다. 이와 함께

'성자 누나'가 서정의 샘물을 길어 올린다.

연탄재 불씨가 넘어가고
성냥알이 넘어오고

열무김치가 넘어오고
추어탕 투가리가 넘어가고

붕숭아씨 따먹은 병아리가
울타리 아래 헤비작 조올고

성자 누나 노랫소리가
꽃나비처럼 팔팔 날아다녔다.
—「울타리에 핀 꽃」 전문

성자 누나는 이웃에 사는데 노래를 잘 하였다. 울타리를 사이에 두고 내 것과 네 것을 가리지 않고 정을 나누던 사이였다. 세 살 위의 누나는 책을 빌려주기도 하고, 노래를 같이 부르기도 하면서 특별한 여인상으로 자리한다. 돌보아주는 누나에 대한 감정은 연정이라기보다 아련한 그리움으로 남아 있는 것 같다.

작품 「바람이 지나가는 사이」에서 시인은 〈밤벌레 울음소리 / 그칠 날 없던 열다섯 어린 시절〉의 이야기를 그려낸다. 〈거울 앞에 앉아/ 꼬리머리 가리매 타던 성자 누나/ 분꽃 같은 노래 소리〉를 추억한다. 그 노래 소리는 〈우리집/ 채송화 꽃밭으로/ 봉선화 꽃밭으로/ 파락파락〉 날아다녔다고 묘사한다. 때로는 〈허물어진 울타리 건너와/ 떨어진 교복단추 달아 입혀주며 빙긋〉 웃던 누나다. 〈맨드라미 꽃물보다 더 진한 입술/ 별빛보다 더 성글한 눈빛〉이 시인의 가슴에 남아 서정을 가꾼다. 〈바람이 지나가는 사이/ 가슴속 꼭 묻어 둔 채/ 크게 한번 불러보지 못한/ 진주 빛 그 이름〉을 추억하며 행복해한다. 그리하여 〈삭풍이 몰아치는 싸늘한 언덕〉에서 그 이름을 부르며 추억하는 여인이다.

4. 추억은 아름다울 뿐이다

전병렬 시인의 추억은 대체로 고단한 생활에 머무른다. 때로는 동심을 그려내기도 하고, 오순도순 살아가는 정겨움도 드러낸다. 하지만 당시의 생활이 너무나 궁핍하였던 터라, 그 추억이 시인을 사로잡고 있는 듯하다. 세월이 흐르면서 세상도 변하는 법, 이제 아픈 추억의 언저리에서 서성이지 말고, 오늘은 현재의 세상에서 다양한 제재를 찾아 노래하는 것도 중요하다.

그가 서술적으로 그려낸 금산의 과거는 고단한 가운데 정을 나누는 세상이다. 「장날」에서는 〈외할머니/ 이모 고모 숙모/ 고종사촌 외사촌을 만나/ 반갑기만 한데// 동냥 나온/ 상이군인도/ 문둥이도 각설이도/ 늙은 여승도// 죄 춥기만 하다〉고 양면성을 노래한다. 「금산 장터」에서는 〈몸빼바지/ 스물다섯 어미〉는 어린 것을 앙칼지게 패대어 어린 것이 가을 달처럼 차게 울며 고샅으로 달아나던 정경을 그린다. 「땡팔이」에서는 버스에 올라 승객에게 연필을 강매하던 전과자의 험상궂은 행위를 고발한다. 〈고 새끼가 말여 째리고 바라보면 말여/ 겁나게 무서웠지 뭐 재수 드러웠어〉라면서 괴롭던 추억을 되새긴다.

쇠전다리
한잔 집

구쇠젖
해남 가시내

남도창
한 가락에

뚝뚝 지던
눈물꽃

—「눈물꽃」 전문

구쇠젖은 '구유젖'의 방언인데, 이는 꼭지가 속으로 폭 들어간 여자의 젖을 말한다. 시인이 보았든지, 아니면 소문을 들었든지, 소를 팔고 사는 '쇠전' 근처의 술집에 있는 '해남 가시내의 젖모양까지 알아내어 시에 담은 것은 놀랍다. 전라남도 해남에서 온 그 여자는 남도창을 잘 불렀던 것 같고, 그 노래를 부르며 눈물을 지었던 것 같다.

이런 정황은 「목련꽃 피는 봄날」에서도 구체적 사례를 보인다. 〈금을 캐던 폐광산 돌매기 탱자나무 집 순자는/ 대전 방직공장에 취직시켜 주겠다는/ 방물장수 아줌이를 따라 보따리를 쌌다〉 〈해소 기침으로 앓아누운 순자네 아버지는/ 방문을 내다보며 서러운 눈물을 흘렸다〉 〈순자 갸는 말여/ 대전 중동인가 정동인가 하는디서 창녀 노릇한다〉 〈그 방물장산가 하는 여편네가/ 사장가에 팔아넘겼는가 봐/ 월래 그년 수상터라구〉 등에서 절망적인 상황을 서술한다. 그 결과 〈목련꽃 피는 봄이 오면 뒷 재 팽나무 아래/ 순자야 순자야/ 딸의 이름을 부르는 쭈그렁 늙은 아비가 있었다〉고 맺어 참담한 정황을 그린다. 이렇게 고단한 사람들이 모여 사는 곳이 '비비미 동네 골목길'이다.

옹색한 비비미 동네 골목길
처마 끝 내걸어 놓은 전등불빛
밤은 언제나 골목으로 들어섰다

술주정뱅이 엄나무 집 눈끔쩍이 영감
길거리 채소장사,
이북 여자도 리어카 끌고 들어왔다

늦은 아이들 서넛
휘파람 불며 언덕으로 오르고

콜록콜록
이따금 들려오는 고뿔 앓는 기침소리
젖배 곯은 아이 울음소리
골목은 수런수런 생밤을 앓아누웠다

—「비비미 동네 골목길」 전문

이러한 동네의 좁은 골목길은 6·25 이후에 지역마다 생겨났다. 어려운 사람들이 모여 살다보니 사람들도 드나들기 힘들 정도로 비좁은 골목이 생기고, 리어카조차 들어설 수 없는 좁고 비탈진 길로 다녀야 했다. 오늘날에도 대한민국의 도처에 산재해 있다.

그 시절에 〈전라도 담양 죽마을이 고향〉이라던 남루한 사내가 〈때묻은 엿목판 하나 짊어지고/ 댕기머리 딸내미 손 놓지〉 않던 「엿장수」가 있었다. 마을 사람들이 수양딸이라도 보냈으면 좋겠다고 하지만, 홀아비면서도 의연하게 딸을 지키려는 태

도를 보였다. 가난한 그 아버지의 사랑에 감읍한 시인은 〈처마 아래 물캐진 박꽃 한 송이 툭 떨어지던 그 초저녁〉의 아름다운 서경과 서정을 그려낸다.

5. 시인의 문학적 지향은?

전병렬 시인의 시집에서 '새롭게 생명을 얻은 사람들' '과거지만 현재화된 생활들' '간난신고(艱難辛苦)를 겪으며 살아온 사람들'의 삶이 눈시울을 적시게 한다. 잊을 정도로 오랜 세월이 지난 것도 아닌데, 우리들은 서민들이 겪었을 그 사실들을 과거에 묻어두고 살았다. 그래서 전병렬 시인이 추억하는 생활들은 우리가 대부분 경험한 것들인데도 새로운 느낌으로 다가온다. 「땜쟁이 할아버지」를 떠올리게 하는 마력도 만난다. 〈헌 냄비 주전자 양은솥 때워요. 우산 고쳐요!〉 외치며 다니던 모습을 추억하게 한다.

또한 그가 지은 대부분의 작품은 말미(末尾)의 문학적 수사(修辭)로 작품성을 확보한다. 「금산 장날」의 다양한 풍경을 그린 후 〈섣달그믐 금산장터 수묵화는 그렇게 갈가리 찢겨져 옴팡집 처마 끝에 등신처럼 매달려 대롱거리고 다홍치마 색동저고리 계집년 하나가 치마꼬리 걷어 끼고 깍지발로 기대서서 볼우물 샐룩샐룩 야살스레 휘파람 분다〉고 맺는다. 「곡마단이 오던 날」도 여러 사연을 서술한 뒤 〈그녀를 꽃처럼 감싸 안아 준 것은 측은히 바라보던 무시개 뜬 저녁 해였다〉면서 실패한 연예인 바람을 구체화한다.

이처럼 예리한 시각과 섬세한 서정이 빚은 그의 작품은 놀라

울 정도로 신선하다. 그러면서도 전통적인 시 형식을 통하여 감동의 진폭을 넓힌다. 간결한 시에서 더욱 깊은 맛이 느껴진다.

내 야윈 가슴 지워지지 않는
진한 꽃물 들었습니다.
봉숭아꽃 짙은 향기
입김 살짝 불어도 톡 톡
터질 것 같은 내 가슴
진한 꽃물 들여 놓았습니다.

내 가슴에 피어 있는
그대 매운 꽃물, 그 향기

— 1시집 「꽃물」 전문

봉숭아꽃의 꽃물은 손톱에 들인다. 진일보한 시인은 자신의 가슴에 지워지지 않는 꽃물을 들였다고 비유한다. 봉숭아꽃이 지고 씨가 여물었을 때에 손이나 물건이 닿으면 '톡'하고 터져 씨앗이 흩어진다. 자신의 가슴도 그렇게 터질 것 같다는 비유가 뛰어나다. 더불어 〈진한 꽃물 들여 놓았습니다〉의 '들여'는 ① 물들이다의 의미가 되기도 하고, 마음에 꽃물을 ② 들여놓은 것이 될 수도 있으니, 중의적 기법이 빛난다.

이처럼 자신의 추억을 시로 빚어 새로운 생명을 부여하는 작업은 천금의 가치가 있다. 이러한 작품이 빚어지지 않았다면 모두 잊혀 사라졌을 사물들이기 때문이다. 시인이 직접 체험한 일, 이웃에서 벌어졌던 일, 어르신들에게 들은 이야기, 풍문에 들려온 이야기 등을 작품으로 담아낸 수고가 감동적이다. 이런 감동은 동시대를 살아온 사람들에게 참으로 소중하다. 여기에 비유, 상징, 간결성을 부가(附加)하여 감동받는 작품을 빚는다.

과거의 추억을 노래하는 작품도 좋다. 그러나 현재의 삶을 투영하여 감동어린 작품을 창작하는 것도 중요한 일이다. 과거에서 오늘이 빚어지고, 오늘에서 내일이 비롯되므로, 오늘은 미래를 향하여 더욱 뜨거운 열정으로 작품 창작에 나설 때다. 전병렬 시인의 첫 시집과 둘째 시집을 읽으며 받은 감동에 박수를 보낸다. 아름답게 꽃물 들인 초심(初心)을 끝까지 간직하여, 서정과 서사가 어우러진 작품 창작으로 시단의 대표주자가 되기를 기대한다.

금산 장날

전병렬 시집

발 행 일 | 초판 1쇄 2014년 8월 29일
2쇄 2014년 12월 20일
지 은 이 | 전병렬
발 행 인 | 李憲錫
발 행 처 | 오늘의문학사
출판등록 | 제55호(1993년 6월 23일)

주　　소 | 대전광역시 동구 대전로 867번길 52(삼성동 한밭오피스텔 401호)
전화번호 | (042)624-2980
팩시밀리 | (042)628-2983
홈페이지 | http://www.lito77.co.kr(홈페이지)
전자우편 | hs2980@hanmail.net

공 급 처 | 한국출판협동조합
주문전화 | (070)7119-1752
팩시밀리 | (031)944-8234~6

ISBN 978-89-5669-636-2
값 8,000원

* 이 책은 (주)교보문고에서 E-Book(전자책)으로 제작 · 판매합니다.
* 잘못 제작된 책은 바꾸어 드립니다.